Inhalt

Einleitung

Die Lieder, Spiele und Geschichten sind in den letzten 10 Jahren durch meine Tätigkeit als Früherziehungslehrer an einem Hamburger Kindergarten entstanden. Meine Arbeit mit den Kindern im Alter von 3-5 Jahren bezeichne ich als frühkindliches Musizieren, und ist der Elementaren Musikpädagogik zuzuordnen. Das Material ist für den Gruppenunterricht gedacht. Es handelt sich hierbei um eine Sammlung ohne kontinuierlichem Aufbau und sie folgt keinem spezifischen Lehrplan. Man kann die einzelnen Elemente dieser Sammlung modular gestalten.

Mit diesem Buch gebe ich Ideen für das musikalische Zusammensein mit den Kindern und hoffe, zu eigenen Ideen anregen zu können. Alle Interessierten bekommen einen Einblick in meine musikalische Arbeit mit Kindern.

Dabei ist Musizieren in diesem Zusammenhang ganzheitlich zu betrachten, da es oft mit Geschichten, Sprache und Bewegung kombiniert wird, dadurch steht es nicht immer im unmittelbaren Vordergrund. Ich hatte immer sehr viel Freude daran, die Spiele, Lieder und Geschichten mit den Kindern umzusetzen und zu sehen, wie unterschiedlich die Gruppen diese gestalten. Jede Stunde war ein Erlebnis.

Der Einfachheit halber fasse ich unter dem Begriff „Spielleiter" Eltern, LehrerInnen, ErzieherInnen sowie alle weiteren Menschen, die gern musikalisch mit Kindern arbeiten, zusammen. Zugunsten einer besseren Lesbarkeit wird hier die männliche Form benutzt.

 Mit Bassschlüssel gekennzeichnete Texte sind Anmerkungen zur Umsetzung

 Die Schere verweist auf Material zum Basteln im Anhang ab Seite 53

 Die Kiste weist auf einfache Materialien hin, die zur Umsetzung der Übungen benötigt werden

Anmerkungen

⚜ Die Größe einer Gruppe hat starken Einfluss auf die Dynamik der Lieder, Geschichten und Spiele. Ist die Gruppe zu groß, dauern manche Spielabläufe zu lange. So kann schnell eine angespannte Stimmung entstehen: Es soll schnell weiter gehen oder Spielteile werden zu langatmig und anstrengend. Bei einer zu kleinen Gruppe entsteht keine rechte Dynamik und die Spiele oder Geschichten sind zu schnell gespielt. Die Gruppengröße liegt am besten zwischen mindestens sechs und maximal zwölf Kindern.

⚜ Es empfiehlt sich, Regeln für das Miteinander aufzustellen und sie den Kindern zu erklären. Die Kinder dürfen nicht hauen, schubsen, kneifen oder spucken. Diese Grundregeln sind wichtig für das soziale und friedliche Zusammensein einer Gruppe und für manche Kinder nicht selbstverständlich.

⚜ Empfehlenswert ist es, beim Singen Augenkontakt zu den Kindern zu halten. Es ist am besten, die Lieder und Geschichten auswendig zu können (oder zumindest so gut zu kennen, dass man immer wieder den Augenkontakt zu den Kindern aufnehmen kann). Die Interaktion über den Blick erhöht die Konzentration. Wenn Lieder oder Geschichten nur vom Blatt vorgelesen werden, kann es vorkommen, dass die Kinder sich unbeobachtet fühlen und sich gegenseitig ablenken. Die entstehende Unruhe kann schnell störend wirken.

⚜ Es empfiehlt sich, konsequent zu sein. Wenn man Ausnahmen macht, können sich die Kinder schnell ungerecht behandelt fühlen („Warum darf er das und ich nicht?"). Deswegen sollten Regeln eingehalten werden. Kinder haben oft schon einen stark ausgeprägten Gerechtigkeitssinn und nehmen schnell wahr, wenn Regeln umlaufen oder gebrochen werden.

⚜ Wenn ein Kind keine Lust hat mitzumachen, darf es sich an die Seite setzen und zuschauen. Es gibt Kinder, die unsicher sind und sich eine Situation lieber erst einmal anschauen möchten, bevor sie sich trauen, bei einem Spiel mitzumachen. Die anderen Kinder akzeptieren in den meisten Fällen, dass ein Kind Zuschauer ist, und stören sich nicht daran. Allerdings sollte man darauf achten, dass hier die Situation nicht kippt. Wenn es darum geht, Regeln einzuhalten, bedeutet dies für Kinder auch: „Wenn einer zuschaut, dann darf ich auch zuschauen!". Und wenn erst einmal viele zuschauen, spielt keiner mehr mit.

⚜ Es ist wichtig, die Namen der Kinder auswendig zu kennen. Die Kinder reagieren in den wenigsten Fällen auf „Du", „Hallo" oder „Hör mal zu". Die direkte Ansprache mit dem eigenen Namen ist für das Kind jedoch am unmissverständlichsten.

Wenn die Mehrheit keine Lust mehr auf ein Lied oder Spiel hat, wird etwas anderes gemacht. Das schönste Lied oder die fantastischste Geschichte passt manchmal nicht zur Stimmungslage oder Tageskondition einer Kindergruppe. In solch einer Situation sollte man flexibel sein und auf die Bedürfnisse der Kinder eingehen.

Was mache ich, wenn die Kinder partout nicht das machen, was ich sage? Falls gar nichts mehr geht, gibt es mehrere Möglichkeiten: Man kann den Kindern sagen, dass sie nun machen können, was sie wollen, und sich unbeteiligt hinsetzen und zuschauen was passiert. Dies wird den Kindern meistens schnell zu langweilig, da die Reibungsfläche genommen ist und sie nun niemanden mehr haben, den sie ärgern können. Man kann die Kinder zur Rede stellen und ihnen ihr Verhalten erklären. Man darf auch mal authentisch emotional reagieren und den Kindern zeigen, dass man keine Lust mehr hat, etwas mit ihnen zu unternehmen, wenn sie sich nicht angemessen verhalten.

Bei bestehenden Gruppen empfehle ich einen festgelegten Anfang, wie z.B. ein Begrüßungslied, eine Begrüßungszeremonie oder ein Ritual. Das gibt der Unterrichtseinheit und den Kindern Struktur und Sicherheit. Eine gute Möglichkeit für eine Begrüßung bietet das Lied „Wir laufen im Kreis" oder „DuDaDuDa". Der Schluss ist genau so wichtig wie der Anfang. Auch hier empfiehlt sich ein Abschiedsritual oder Abschiedslied.

Zwischen konzentriertem Sitzen und Bewegungsphasen sollten in der Regel nicht mehr als 10 Minuten liegen. Sind die Kinder konzentriert und in einer Aufgabe versunken, beschäftigt oder sehr interessiert, können die Phasen gedehnt werden.

Der Raum ist wichtig! Es sollte ein großer Raum mit hohen Decken sein, in dem sich die Musik entfalten kann. Für einen weichen Klang und eine angenehme Geräuschumgebung sind viele Vorhänge, Teppiche, Matten und Holz gut. Bei zehn Kindern sollte der Raum mindestens eine Größe von 20 qm haben, um die Bewegungsfreiheit zu garantieren.

Das Instrumentarium oder die Instrumentenausstattung spielen eine wichtige Rolle. Die gleiche Anzahl an Kindern und Instrumenten ist zwar wünschenswert, leider ist dies aber nicht immer umsetzbar. So gibt es viele Einrichtungen für Kinder, die beispielsweise nicht über zehn Stabspiele oder Trommeln verfügen. Die Instrumente sollten einen schönen Klang und eine einladende Bespielbarkeit haben. Ein gutes Instrument, das solide verarbeitet ist und gut klingt, hat in den meisten Fällen auch einen höheren Preis. Wenn man sich auf die Suche macht, finden sich auch allerlei andere Gegenstände, die sehr interessant klingen und für den Gruppenunterricht einsetzbar sind. Diese sollten ein gutes Instrumentarium aber nicht ersetzen.

M & T: A. Schulz

Dudaduda

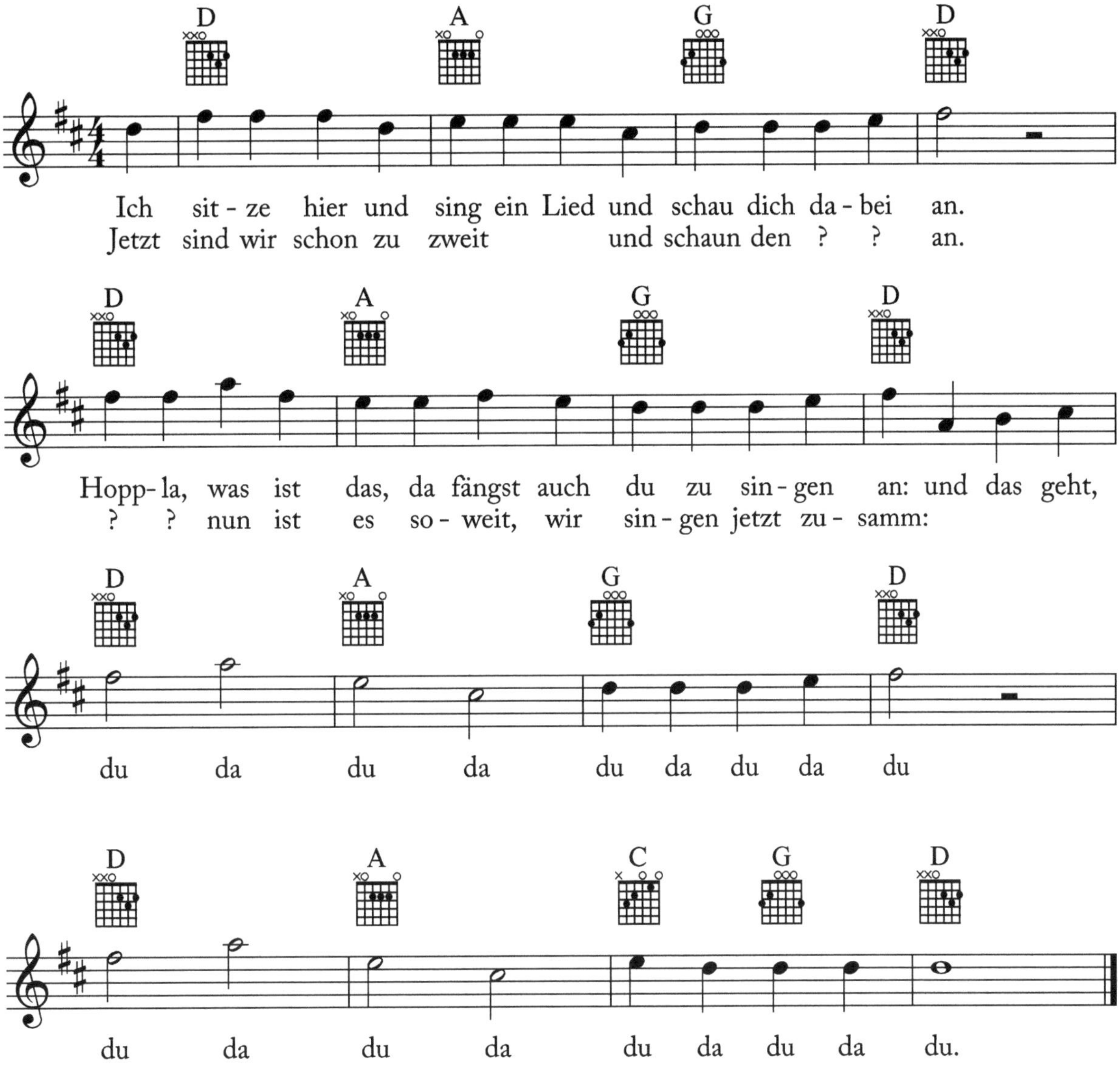

Ich sit-ze hier und sing ein Lied und schau dich da-bei an.
Jetzt sind wir schon zu zweit und schaun den ? ? an.

Hopp-la, was ist das, da fängst auch du zu sin-gen an: und das geht,
? ? nun ist es so-weit, wir sin-gen jetzt zu-samm:

du da du da du da du da du

du da du da du da du da du.

Bei kleineren Gruppen kann jedes Kind vom Spielleiter einzeln beim Namen genannt werden. Bei größeren Gruppen kann man eine Pause einbauen, und jedes Kind schaut ein anderes an. Sie tun sich als Paar zusammen. Jedes Paar schaut in der nächsten Pause ein anderes Paar an, danach suchen die Vierergruppen in der Pause eine weitere Vierergruppe usw. so dass sich die Anzahl der Kinder jeweils verdoppelt. In einer verkürzten Version kann man nur den Refrain (den Duda-Teil) wie einen Abzählreim singen und mit dem Fragesatz: „Wer bist du?" abschließen.

Die Reise durch das Musikland

 Eine Karte zum Ausschneiden oder kopieren gibt es auf Seite 67

 Material: Ein langes blaues Tuch, ein oder zwei Xylophone des Orffinstrumentariums, Trommeln, ein wasserfester Stift, eine Triangel, ein Kuscheltier

 Vor Beginn der Geschichte malt sich der Erzieher /Spielleiter zwei Augen und einen Mund auf den Zeigefinger. Diese Figur stellt den Doktor dar.

Ein Kuscheltier ist krank geworden. Es lässt den Kopf hängen und hat keine Lust mehr zu spielen. Nur einer kann dem armen kleinen Kuscheltier helfen, und das ist der Doktor, der im Musikland wohnt. Aber wie kommt man ins Musikland? Dazu habe ich eine Karte mitgebracht; darauf ist der genaue Weg durchs Musikland zum Doktor zu sehen. Einer von euch muss das Kuscheltier nehmen und ein anderer nimmt die Karte, und dann machen wir uns auf ins Musikland. Allerdings: Aufgepasst! Man kann nur ins Musikland gelangen, wenn man beim Gehen gleichzeitig eine Melodie summt. Könnt ihr das? Auf geht es! Nachdem wir ein wenig gegangen sind, schauen wir auf die Karte, um zu sehen, wo wir sind. Auf der Karte sind Hindernisse zu erkennen, die wir überwinden müssen. Diese Hindernisse sind die Musikberge. Wie kommen wir da rüber? Mit einer Tonleiter! Wir hocken uns alle auf den Fußboden. Mit den Händen greifen wir Sprosse für Sprosse und singen eine Tonleiter (1).

 Stimmbildungsübung, man kann die Tonstufen auf Solmisationssilben singen (do, re mie fa, sol la si, do) oder auf gleich klingenden Lauten wie Da oder Do. Manche Kinder haben auch gute Ideen, wie man über die Berge kommt (z.B.) von oben runter springen.

Mit jedem Ton, den wir singen, kommen wir höher und höher, bis wir auf den Zehenspitzen stehen. Jetzt sind wir ganz groß und können ganz weit schauen, aber schon geht es

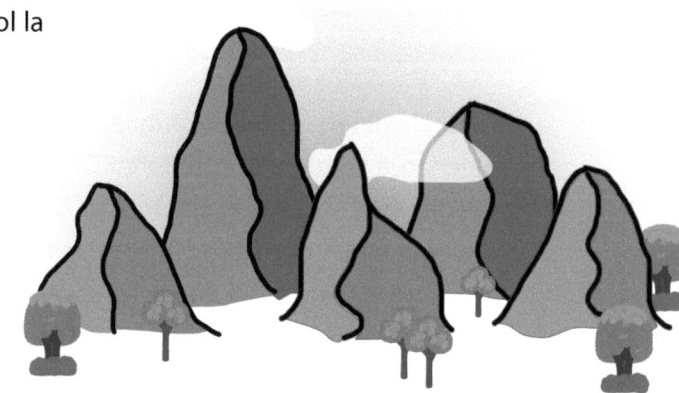

wieder herunter, und mit jedem Ton, den wir nun singen, geht es wieder den Berg hinab. Der nächste Berg ist noch höher als der erste und, man muss ein paar Töne höher singen, um über ihn herüber zu kommen. Wenn man dann keine Lust mehr hat, über die Berge zu klettern, dann kann man auch einen Lift benutzen. Mit einem Glissando geht es hinauf auf den Berg, und wir gleiten mit einem abfallenden Ton auch wieder hinab. So, wir falten die Karte wieder zusammen, und es geht weiter. Nachdem wir so schöne Tonleitern gesungen haben, können wir beim Weiterlaufen eine Melodie singen. Auf geht es!

Nach ein paar Schritten können wir schon wieder auf die Karte schauen. Was ist da zu sehen? Ein Fluss, an dem man spielen kann. Am Ufer des Flusses stehen Instrumente, mit denen wir spielen können. Und seht nur, wie die Wellen sich bewegen. Wenn wir leise spielen, sind die Wellen klein, und wir können über den Fluss hüpfen. Wenn die Musik laut ist, und die Wellen groß und hoch, können wir unter dem Fluss hindurch tauchen. (2)

𝄢 Ein blaues langes Tuch wird auf den Boden gelegt, durch auf und ab Bewegungen entstehen Wellen. Das Tuch wird auf einer Seite fixiert, oder kann von zwei Personen gehalten werden. Man kann auch ein Seil nehmen. Aus den Xylophonen oder Stabspielen kann man einige Stäbe herausneh-men, um eine Pentatonik zu erhalten. Beispiel : E, G, A, H, D. Eine einfache Möglichkeit der musikalischen Gestaltung besteht in der Differenzierung „Trommeln laut, Stabspiele leise". Dies ist bei kleineren Kindern zu empfehlen. Die zweite Mög-lichkeit besteht in der Höhe und Bewegung des Tuches, an dem sich die Kinder mit den Instrumen-ten orientieren können. Große Bewegungen und Tuch weit oben bedeuten „laut", kleine Bewegungen und das Tuch kurz über dem Boden „leise".

Huch, wir wollten doch zum Doktor, das habe ich fast vergessen. Wir entfernen uns vom Fluss, und die Welt verändert sich. Es wird immer wärmer und immer trockener, bis überall nur noch feiner weißer Sand liegt. Schaut mal auf die Karte, wo wir jetzt sind: In einer Wüste! Um durch die trockene Wüste zu kommen, brauchen wir Hilfe: Von den musikalischen Wüs-tenpferden. Die bewegen sich nur, wenn sie Musik hö-ren. Sobald sie keine Musik mehr hören, blei-ben sie ganz still stehen. Alle Kinder setzen sich auf die unsichtbaren Musikpferde und galoppieren los. (3)

 Das klassische Stopptanzspiel. Entweder mit Instrument oder CD / MP3 Player.

Das war ein langer Ritt, und ein langer Weg, aber endlich haben wir es geschafft und stehen vor dem Haus des Doktors. Der Doktor aus dem Musikland macht allerdings nicht jedem die Tür auf, nur denen, die den richtigen Anklopf-Rhythmus kennen, und der geht so: Dum do do dum dum do do dum. (4)

Probiert es gleich mal aus.

Das habt ihr gut gemacht, und schaut mal da, da geht die Tür auch schon auf.

„Hallo" sagt der Doktor, „Wer seid denn ihr, und was wollt ihr von mir?"

Ein einfacher Rhythmus wird geklatscht oder auf einem Instrument gespielt. Beispiel: ho, ho, ha, ha, ha.

Wir erzählen dem Doktor, warum wir uns auf dem Weg zu ihm gemacht haben, und zeigen ihm unser krankes Kuscheltier. Er schaut sich das Tier lange an. Er schaut ihm in den Mund und sagt: „So, so", dann schaut er dem Tier hinter die Ohren und sagt: „Ah, ja." Er schaut auch noch unter die Füße und unter die Achseln. Dann sagt der Doktor mit ernstem Ton, dass das Tier unter Musikulose leidet: Das könne man jedoch schnell heilen, indem man eine Triangel zum Klingen bringt und sie dem Kuscheltier über den Körper hält. (5) Also machen wir das, einer nach dem anderen. Es geht dem Kuscheltier von Mal zu Mal besser. Zum Schluss ist es wieder pudelmunter und gibt jedem Kind einen dicken Kuss.

Je nach Gruppengröße können ein oder zwei Triangeln verwendet werden. Oder man ersetzt die Triangel durch ein Lied, welches die Gruppe singt.

12

Wir laufen im Kreis

M & T: A. Schulz

Wir lau-fen im Kreis, wir lau-fen im Kreis uns wird gar nicht heiß. Wir
lau-fen im Kreis, wir lau-fen im Kreis uns wird nicht heiß. Wir
lau - fen, wir lau - fen wir lau-fen im Kreis Wir lau - fen, wir
lau - fen, wir lau - fen im Kreis Wir Kreis.

Hier steht man am besten mit einer Gitarre in der Mitte des Raumes, während man das Lied spielt und die Kinder im Kreis um einen herum laufen.

Variationen des Liedes sind natürlich möglich: Wir schleichen im Kreis, wir hüpfen im Kreis, wir drehen uns im Kreis, wir krabbeln im Kreis, wir fliegen im Kreis.

Wenn man dazu ein Instrument wie Gitarre oder Klavier spielt, kann man über die Lautstärke und die Geschwindigkeit Einfluss auf die Bewegungsabläufe nehmen.

Am Ende der Straße steht ein Haus

Geschichte mit Geräuschen und Tönen

Am Ende der Straße steht ein Haus.

Wir gehen zum Haus. ♪: Große Trommel, die flachen Hände schlagen auf die Mitte der Trommel

Wir klopfen an die Tür. ♪: Tap Tap Tap – Claves

Die Tür geht von allein auf. ♪: Knarren – Reco Reco

Wir gehen in das Haus. ♪: Schritte – große Trommel

Der Wind pfeift durch das Dach. ♪: Pfiff - Flöte

Wir gehen die Treppe hinauf. ♪: Stabspiel oder Klavier

Es ist ganz still. ♪: …

Wir hören Mäuse durch das Haus trippeln. ♪: kleine Trommel (mit Fingerspitzen spielen)

Ein Kater kommt ins Haus. ♪: zwei Klangstäbe tief, z.B. Grundton – Quinte

Die Mäuse bekommen Angst und laufen schnell zu ihrem Mauseloch. ♪: kleine Trommeln

Der Kater läuft hinterher. ♪: zwei Klangstäbe tief, z.B. Grundton – Quinte

Alle Mäuse verschwinden im Mauseloch. ♪: 1, 2, 3, Hände hinter dem Rücken verstecken.

Der Kater ist zu schnell und kann nicht mehr bremsen.

Mit einem großen Knall läuft er mit dem Kopf gegen die Wand. ♪: Becken.

Aua, das tat dem Kater weh. Er miaut und schleicht aus dem Haus.

Es wird wieder ganz still im Haus. ♪: …

Wir gehen die Treppe hinunter. ♪: Stabspiel oder Klavier

Der Wind pfeift wieder durch das Dach. ♪: Flöte

Wir gehen zur Tür. ♪: große Trommel, die flachen Hände schlagen auf die Mitte der Trommel

Wir schließen die Tür. ♪: Reco Reco

♪: Die Geschichte kann auch mit anderen Instrumenten gespielt werden. Andere Instrumentierung erwünscht!

Brückenspiel

 zwei Seile oder Decken, drei verschiedene Instrumente
Trommel: kleiner Schritt nach vorn, Rassel: kleiner Schritt zurück
Klangstab: großer Schritt nach vorn
Die Signale und Bewegungen können erweitert werden.
Becken – ein Sprung oder hüpfen, Rassel – einmal im Kreis drehen

 Auf jede Seite des Raumes wird ein Seil gelegt, welches die Schlucht darstellen soll.
Alle stehen auf einer Seite hinter einem Seil und müssen auf die andere Seite gelangen.
Ein Kind hilft mit Signalen. Wenn man diese befolgt, kommt man sicher auf die andere
Seite.
Ein Kind kann ein Krokodil spielen, welches aufpasst, dass die anderen keine Fehler
machen.
Und wenn doch, kommt das Krokodil und holt das Kind. Hua.

Stellt euch vor, dass vor euch eine tiefe Schlucht liegt, über die eine Hängebrücke führt.
Einige der Holzlatten der Brücke fehlen, so dass man durch sie durchfallen kann, wenn man
keinen großen Schritt macht. Manchmal darf man nur einen kleinen Schritt machen oder muss
sogar einen Schritt zurück machen, weil sonst eine Holzlatte durchbricht und man hinunter-
fällt.

Die Signale:

Trommel – kleiner Schritt • Triangel – großer Schritt • Claves – ein Schritt zurück

Das Spiel beginnt. Wenn ein Kind einen Fehler macht fällt es herunter und muss von vorne
anfangen oder scheidet aus. Alle müssen hinüber kommen. Wenn man ganz mutig ist, macht
man die Augen zu und hört ganz genau hin.

Klangkarten

 Die Kärtchen zu den folgenden Spielen befinden sich auf Seite 67

Das Klangorchester oder die Rhythmusmaschine

 1.) Einführung der Zeichen. Die Zeichnungen erklären. „Das ist die Triangel", etc.

2.) Die Kinder dann eine Reihe von Zeichen spielen lassen - ohne Puls oder Rhythmus.

3.) Die Kinder in drei bis vier Gruppen aufteilen.

4.) Vor jeder Gruppe liegen vier Karten mit Zahlen oder leere Karten.
   Jede Karte steht für einen Schlag im Viervierteltakt.

5.) Die Kinder lernen gemeinsam im Rhythmus einen Viertelpuls zu zählen.

6.) Jetzt werden einige leere Karten durch Bilderkarten ersetzt.

7.) Jede Gruppe einmal ihre Karten allein durchspielen lassen, dann gemeinsam.

8.) Variationen: Schneller werden, Tutti Solo, alle Pause, laut und leise.

Beispiel:

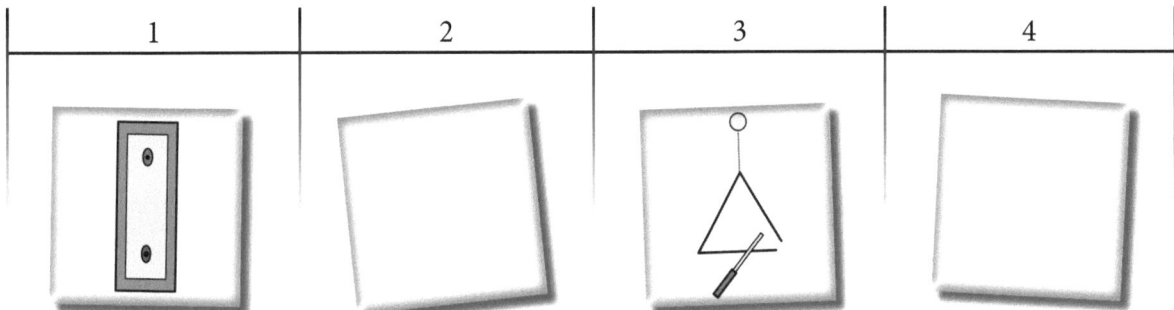

Kartenraten

 Es wird eine Anzahl von Musikkarten, z.B. 4 Stück, sichtbar für alle auf den Boden gelegt.
Die Kinder dürfen die Karten genau betrachten.
Die Karten werden umgedreht, und die Kinder müssen auf den Instrumenten die Reihenfolge der Karten nachspielen. Wer hat sich die Reihenfolge gemerkt?

Musikkartentanz

 Es gibt zwei Symbole, „Trommel" und „Rassel".

Die Karten werden vom Spielleiter aufgeteilt, die Hälfte mit Trommeln, die andere Hälfte mit Rasseln.

Die Karten werden verteilt, oder die Kinder dürfen sich eine nehmen.

Es entstehen zwei Gruppen. Die Karten können wieder eingesammelt werden.

Die Musik wird eingeschaltet und alle dürfen tanzen.

Wenn der Spielleiter eine Rassel zur Musik spielt, müssen die Trommel-Kinder stehen bleiben

und umgekehrt.

Die Kinder dürfen sich nicht berühren.

Klanggeschichte mit Karten

 Trommeln, Rasseln, Klangstäbe und Triangeln werden verteilt.

Wenn eine Klangkarte hochgehalten wird, spielen die dementsprechenden Instrumente.

Ich wohne in einem großen Haus und habe viele Nachbarn.

Über mir, unter mir, rechts und links von mir wohnen Leute.

Ich sitze in meinem Zimmer und schaue mir ein Buch an.

Plötzlich höre ich von oben Geräusche, die klingen so.

🎵 Spielleiter hält eine Klangkarte hoch, die Kinder mit dem entsprechenden Instrument spielen es.

Dann nach einer langen Pause, da tönt es von rechts.

🎵 Spielleiter hält eine Klangkarte hoch (wie vorher).

Auf einmal kommt dieser Lärm von links.

🎵 …

Und die unter mir machen auch was, das klingt so.

🎵 …

Was ist da wohl passiert?

🎵 Die Kinder können nun erzählen, was passiert sein könnte.

Man kann die Geschichte auch weiter erzählen und mehrere Karten zeigen.

„Plötzlich von links und oben: ein Lärm!". Zwei Klangkarten zeigen, etc.

Lied:

Wir sind die Rasselbande und rasseln hin und her.
Wir sind die Trommelgang und trommeln ist nicht schwer.
Und wir haben Freunde, die holen wir noch dazu.
Dann spielen wir ein Lied, ja ich und du und du.

Wir sind der Klangstab und klingen wunderbar.
Kannst du den Klang erraten, wir warten, warten, warten.
Und wir haben Freunde, die holen wir noch dazu.
Dann spielen wir ein Lied, ja ich und du und du.

Quiz:

Ich bin aus Holz und bewege mich hin und her. Wer bin ich?
𝄢 Die Rassel

Ich bin aus Metall und man hält mich an einem Band mit einer Hand. Wer bin ich?
𝄢 Die Triangel

Ich bin rund und habe ein Fell. Wer bin ich?
𝄢 Die Trommel

Ich bin aus Metall und Holz und man spielt mich mit einem Schlägel. Wer bin ich?
𝄢 Der Klangstab

Geräusch- oder Klangkette

 Die Karten werden in einer Reihe auf den Boden gelegt, z.B. Trommel, Rassel, Triangel, Klangstab.
Instrumente werden an die Kinder verteilt, und sie spielen die Klänge, die auf den Karten symbolisiert sind, eine Karte nach der anderen. Dann wird die Kette um ein paar Zeichen erweitert. Während die Klangkette erweitert wird, können die Kinder die Instrumente tauschen oder sich am Legen der Karten beteiligen.

  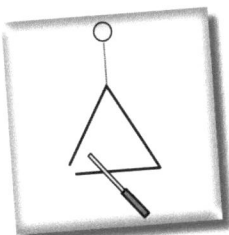  

Beispiel für ein Kästchen-Arrangement mit vier Gruppen im Taketina Stil:

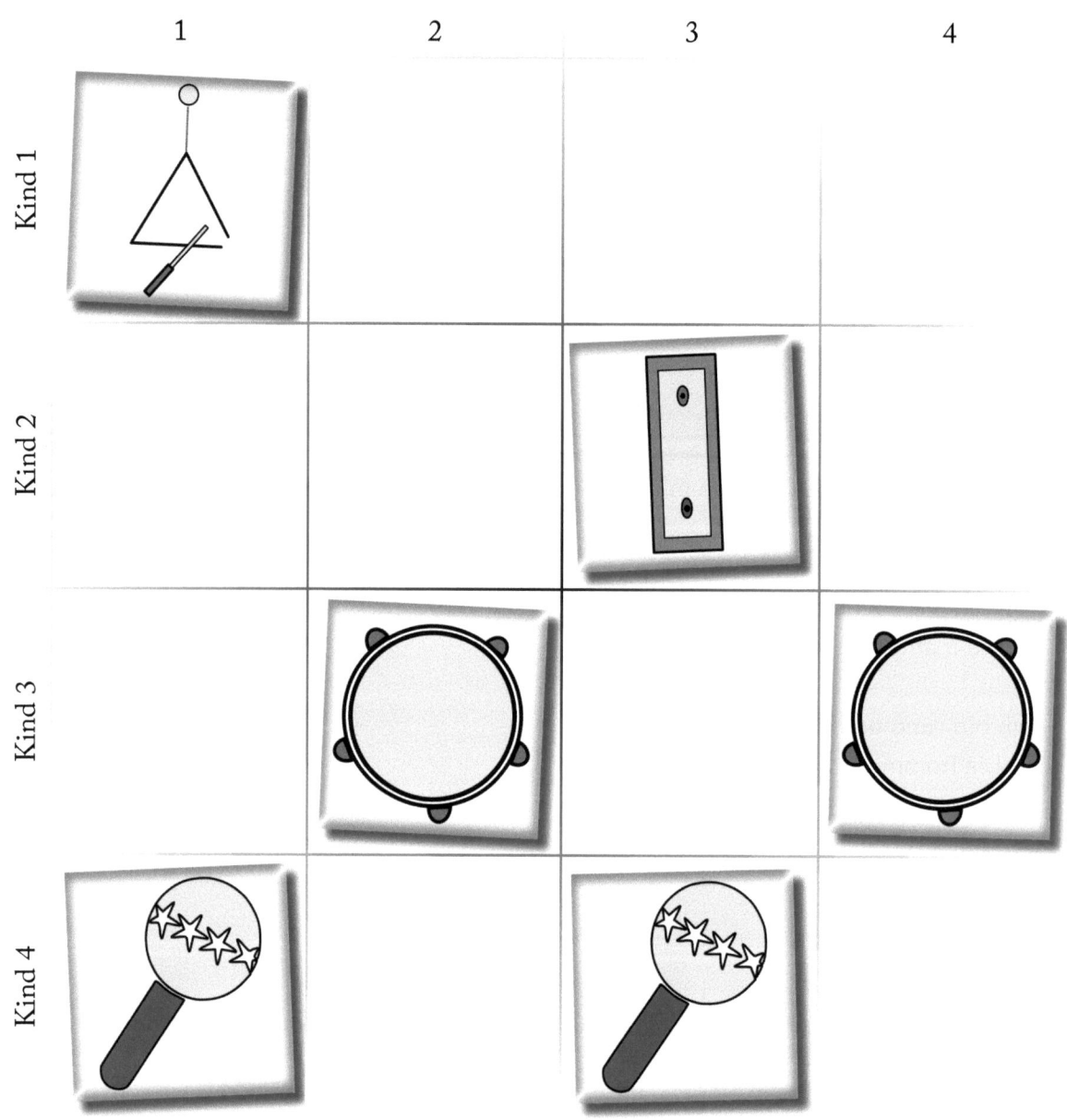

𝄢 Es empfiehlt sich die Karten mehrfach zu kopieren und der Größe nach zu zerschneiden. Man kann sie auch noch laminieren, um die Haltbarkeit zu erhöhen.

In der Halle des Bergkönigs
Bewegungsgestaltungsidee nach der Musik von Edvard Grieg

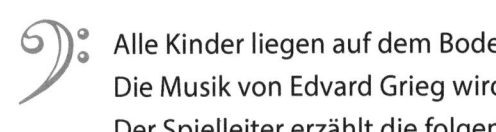 Alle Kinder liegen auf dem Boden.
Die Musik von Edvard Grieg wird angeschaltet.
Der Spielleiter erzählt die folgende Geschichte:

Weit weg von hier, in den Bergen des Nordens, gibt es eine Höhle.
Ganz tief in dieser Höhle, da wo man nicht mehr stehen kann, da leben die Trolle.

Die Trolle gehören zu der Familie der Kobolde und der Zwerge,
sie liegen am Boden und schlafen.
Man hört ihr Schnarchen. Schnarch.....

Langsam wachen sie auf. Sie liegen am Boden und strecken ihre Arme und Beine.
Sie gähnen.

Sie rollen sich zur rechten Seite, und zur linken Seite,
bis sie auf dem Bauch zum Liegen kommen.

Sie kommen auf alle Viere, krabbeln durch den Raum, und schauen sich in die Augen.

Die Trolle krabbeln etwas schneller auf den Ausgang zu.

Die Höhle wird etwas breiter und höher.

Sie kommen auf zwei Beinen zum Stehen, können sich aber noch nicht ganz aufrichten
und gehen mit hängenden Armen durch den Raum.

Die Höhle wird noch breiter und höher und man kann schon den Ausgang sehen.

Der Gang wird aufrechter und schneller und schneller.

… Alle laufen.

Sie kommen aus der Höhle heraus, springen in die Luft und trampeln mit den Füßen,
und beim letzten Akkord reißen alle die Arme in die Luft.

Die Reise zu den Sternen

𝄢 Zu Beginn der Stunde werden den Kindern folgende Fragen gestellt:

Wie kommt man zu den Sternen?
Was ist der Weltraum, was ist das All?

Wir starten

Wir gehen in die Hocke und es wird ein Countdown gezählt:
10, 9, 8, 7, 6, 5, 4, 3, 2, 1, 0, Start.

Die Rakete startet und fliegt höher als ein Haus, höher als ein Turm, höher als ein Berg, höher als ein Flugzug. Höher und höher, bis wir im Weltraum sind. Wir steigen aus der Hocke in den Stand und fliegen, mit ausgestreckten Armen, durch den Raum.

Schwerelosigkeit (Zeitlupe)

Wir stellen uns vor, die Rakete ist im Weltraum angekommen.
Wie ziehen uns einen Raumanzug an: Schuhe, Anzug, Helm.
Zur passenden Musik schweben wir in Zeitlupe durch den Raum.
Es ist gar nicht so einfach, sich ganz langsam zu bewegen.
Wir steigen wieder in die Rakete und fliegen weiter.

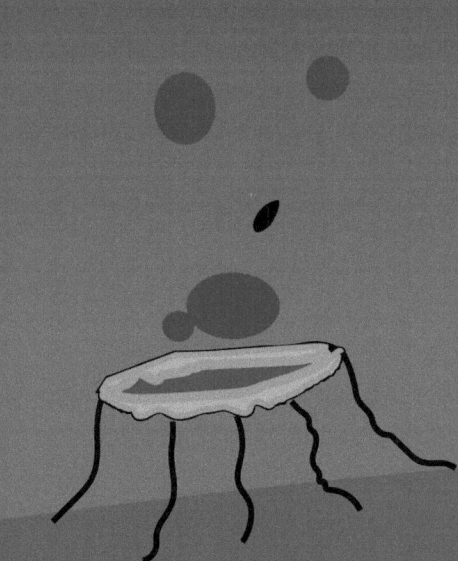

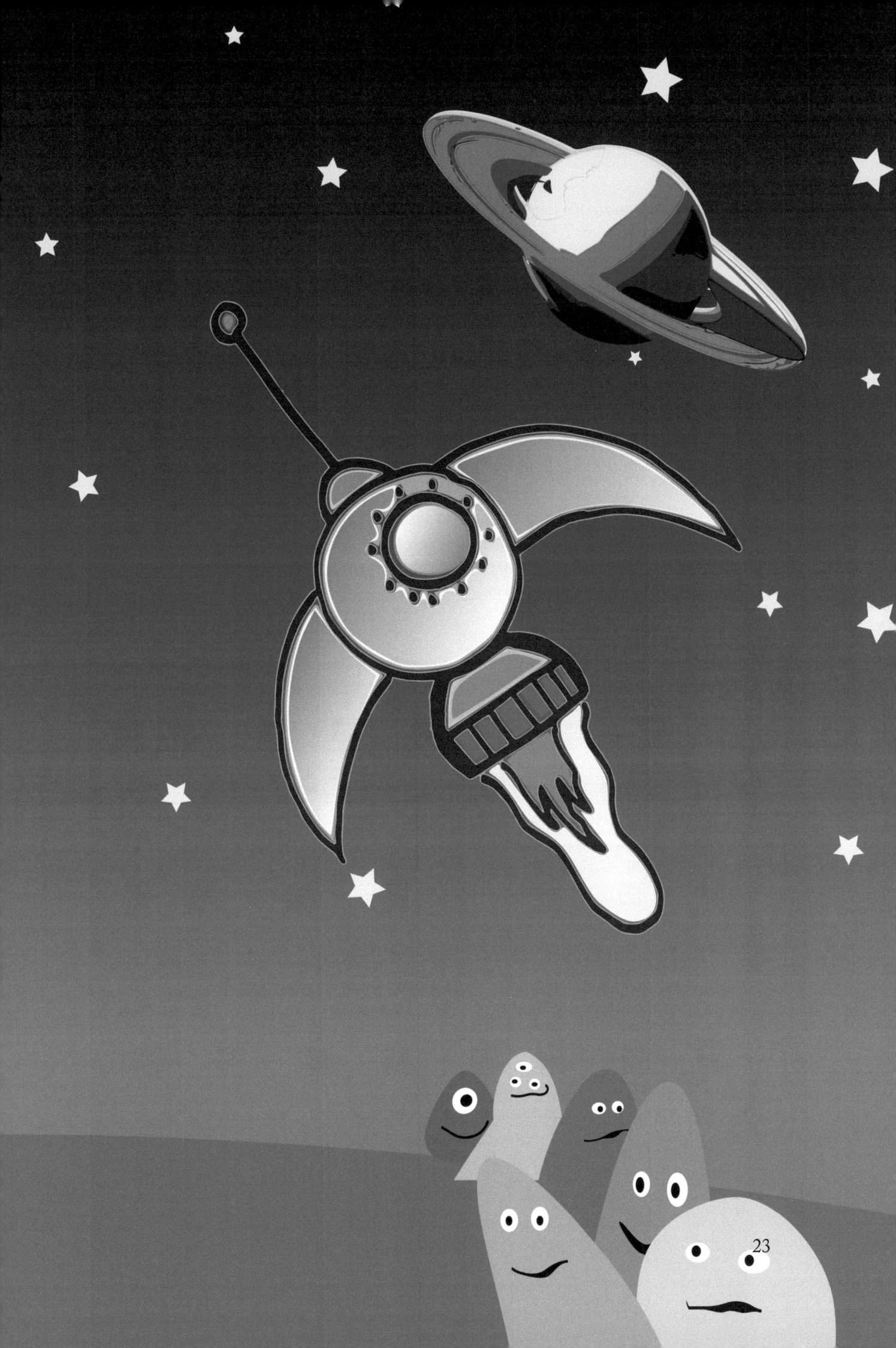

Der Mond

 Die Kärtchen zu den folgenden Spielen befinden sich auf Seite 69

𝄢 Auf unserer Reise kommen wir zum Mond.
Wir zeigen den Kindern die Bilder vom Vollmond, Halbmond und Neumond.
Der Mond spricht zu den Kindern:

„Hallo Kinder, schaut mich an. Mal bin ich kreisrund und dick wie eine Melone.
Mal bin ich nur halb, wie eine Sichel, und manchmal verschwinde ich ganz und bin nicht mehr zu sehen."

Der Mond mag so gerne Musik und ganz besonders das Lied „Der Mond ist aufgegangen".
Er fragt uns, ob wir ihm das Lied vorsingen können, damit er wieder sichtbar wird.

𝄢 Das Lied „Der Mond ist aufgegangen" wird gesungen. Nachdem wir das Lied einmal gesungen haben, ist der Mond wieder halb zu sehen. Nach dem zweiten mal ist den Mond wieder rund wie eine Melone und bedankt sich bei den Kindern. Die Reise geht weiter. Ein neuer Countdown wird gezählt und die Kinder fliegen weiter.

Der Mond ist aufgegangen

M: Matthias Claudius & T: Johann Abraham, Peter Schulz

Vorsicht Meteorit!

Wir dürfen uns zur Musik frei im Raum bewegen, aber Vorsicht: Ein Meteorit fliegt durch dem Raum und wir dürfen ihn nicht berühren.

𝄢 Ein Ball oder ein Hulahoopreifen kann der Meteorit sein.
Er wird langsam durch den Raum getragen und niemand darf ihn berühren.

Plötzlich geht unser Motor kaputt und wir müssen eine Notlandung auf einem Planeten machen. Wir sinken tiefer und tiefer, und tiefer und tiefer, bis unser ganzer Körper auf dem Boden ist.

Planet der Affen

Die Rakete macht eine Bruchlandung auf dem Planeten eines Affen. Die Rakete ist in tausend kleine Teile zerbrochen, die müssen wir jetzt alle wieder einsammeln, um die Rakete zu reparieren. Es gibt auch einen Affen auf dem Planeten, der denkt, dass alles ihm gehören würde, was auf seinem Planeten ist. Er mag es nicht, wenn wir auf seinem Planeten herumlaufen. Wir stehen auf einer Decke, auf die der Affe nicht darf. Der Affe steht mit dem Gesicht zur Wand. Solange Musik läuft, ist der Affe beschäftigt und wir können uns frei im Raum bewegen und die Bälle einsammeln. Wenn die Musik aufhört, müssen wir ganz schnell auf die Decke zurück, denn jetzt dreht sich der Affe um und versucht uns zu fangen. Wer gefangen wird, muss eine Runde aussetzen.

𝄢 Der Spielleiter spielt ein Instrument oder lässt Musik vom Band laufen. Das Spiel ist vorbei, wenn alle Teile eingesammelt sind.

25

Der Musik-Motor

Jetzt muss der Motor repariert und getestet werden.

Wir sitzen mit dem Rücken nach innen, so das wir uns gegenseitig nicht sehen können, und bekommen ein Instrument. Einer sitzt in der Mitte und startet den Motor. Es gibt zwei Signale: Auf den Rücken tippen, und über den Rücken streichen. Das Kind in der Mitte tippt den anderen auf den Rücken. Die Kinder, die angetippt worden sind, fangen an, auf ihren Instrumenten zu spielen. Dieses wiederholt sich, bis alle spielen. Um den Motor wieder auszuschalten, streicht das Kind in der Mitte den anderen über den Rücken.

𝄢: Bei größeren Kindern kann man auch einen Rhythmus auf den Rücken tippen, welcher nachgespielt werden soll.

Wir fliegen zurück

Wir zählen wieder einen Countdown und starten mit unserer Rakete. Auf unserem Rückweg tanzen wir den Außerirdischentanz. Wie tanzen Außerirdische? Hoffentlich fällt euch etwas Verrücktes ein. Nun nähern wir uns der Erde und fliegen am Mond vorbei, vorbei an einem Flugzeug, vorbei an einem Berg, vorbei an einem Turm und landen wieder auf der Erde.

Ich werfe meine Stimme so weit ich kann

Stellt euch vor, ihr könnt eure Stimme in die Hand nehmen und sie dann ganz weit wegwerfen. HUIIIIIIIIIIII.

Ein Glissando von einem hohen Ton zu einem tiefen, dann ein Platsch oder Plumps, und unsere Stimme ist fort, wir haben sie weggeworfen.

Wenn man seine Stimme ganz weit weggeworfen hat, kann man nicht mehr sprechen, dann ist man stumm.

Wir wollen aber sprechen können, und darum holen wir uns unsere Stimme wieder zurück.

Wir schwimmen einmal durch den Raum, dahin, wo wir unsere Stimme geworfen haben, und nehmen sie wieder in den Mund.

So, jetzt können wir wieder sprechen und schwimmen zurück.

Das Gleiche machen wir noch einmal, und dieses mal schwimmen wir nicht, sondern wir.

Musikkette

 Alle Kinder sitzen in einem Halbkreis auf dem Boden.
Es können verschiedene Instrumente genommen werden, in diesem Beispiel sind es 20 Rasseln.
Die Rasseln sollen von der einen Seite des Halbkreises auf die andere Seite gelangen.
Wir beginnen mit einer Rassel.
Jedes Kind nimmt die Rassel in die Hand, rasselt damit einmal, und gibt sie dann weiter.
So wandert die Rassel von der einen Seite zur anderen.
Dazu wird eine Begleitmelodie gespielt, z.B eine Gitarrenbegleitung im Country-Stil.
Nach dem ersten Spieldurchlauf können beliebig viele Rasseln hinzugenommen werden.

Ja oder nein-Lied

Bei diesem Lied können die Kinder nach jedem Satz mit ja oder nein antworten.

M: Traditionell T: A. Schulz

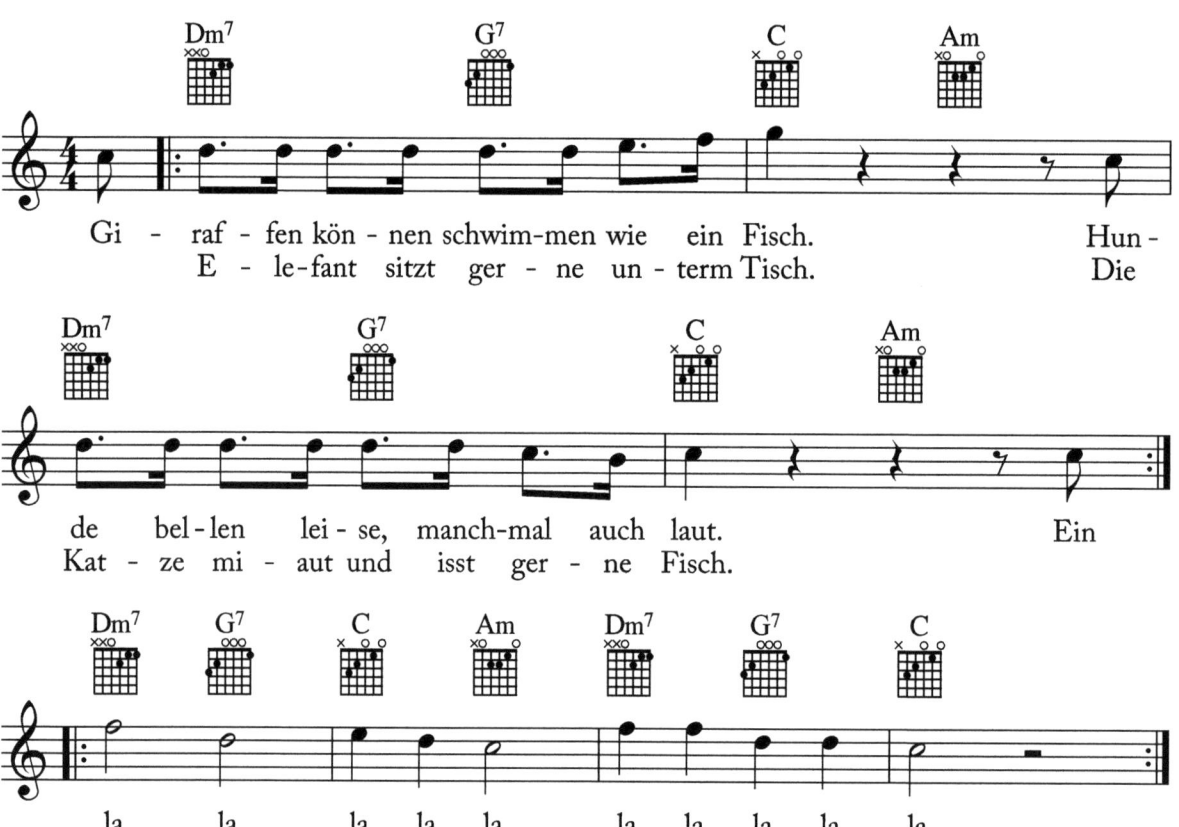

Gi - raf - fen kön - nen schwim-men wie ein Fisch. Hun -
E - le-fant sitzt ger - ne un - term Tisch. Die

de bel - len lei - se, manch-mal auch laut. Ein
Kat - ze mi - aut und isst ger - ne Fisch.

la la la la la la la la la la

1) Giraffen können schwimmen wie ein Fisch. - Nein
Hunde bellen leise, manchmal auch laut. - Ja usw.
Elefanten sitzen gerne unterm Tisch.
Die Katze miaut, und isst gern Fisch.

Zwischenspiel

2) Im Kühlschrank ist es oft ganz schön heiß.
Die Fliege fliegt gerne mal im Kreis.
Im Winter ist der Boden manchmal weiß.
Im Sommer esse ich gerne mal ein Eis.

Zwischenspiel

3) Ein Tiger ist so groß wie eine Maus.
Die Schnecke lebt in einem Schneckenhaus.
Schokoladeneis mit Senf ist lecker.
Um sechs klingelt bei uns der Wecker.

Zwischenspiel

4) Der Affe geht am morgen ins Büro.
Manchmal hat der Hund im Fell ein Floh.
Der Eisbär ist groß und weiß wie Schnee.
Die Kuh sitzt auf der Wiese und trinkt Tee.

Zwischenspiel

Raschelrock!

Bei diesem Lied braucht man ganz viele Rasseln. Je mehr desto besser. Alle Kinder bekommen ein, zwei Rasseln in die Hand. Alle singen, rasseln und tanzen durch den Raum. Beim Glissando Oh... kommen alle zusammen in einen Kreis. Dann geht es wieder von vorne los.

Mann kann auch auf den letzten vier Takten mit dem Füßen stampfen.

M & T: A. Schulz

Ich ra-schel hin, ich ra-schel her, denn ra-scheln fällt mir

gar nicht schwer. Ja ich ra-schel, ja ich ra-schel,

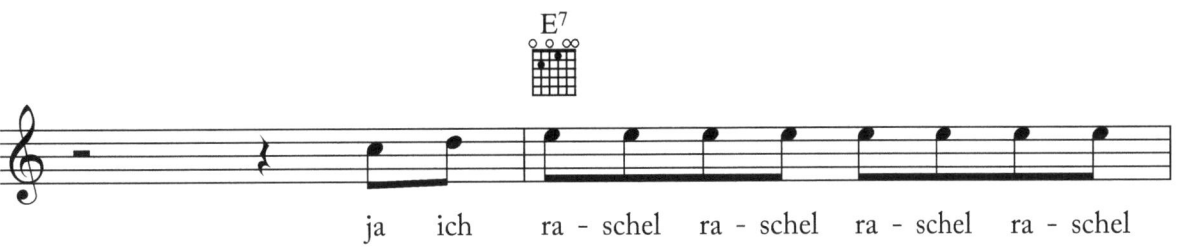

ja ich ra-schel ra-schel ra-schel ra-schel

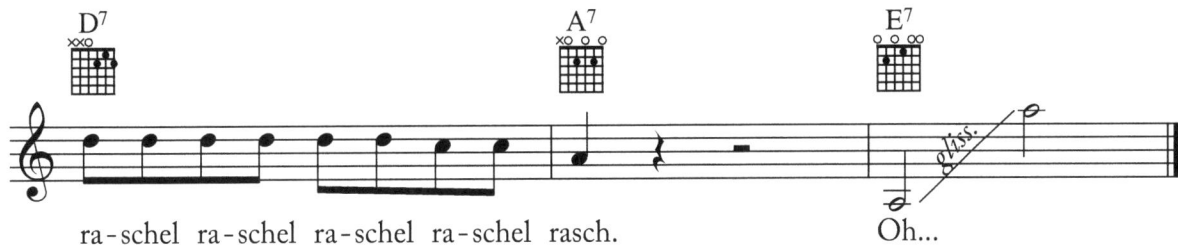

ra-schel ra-schel ra-schel ra-schel rasch. Oh...

Lieder begleiten

Die Schaukel

 Wiegen oder Pendeln zwischen zwei Klangquellen.
Mit einem oder zwei Schlägeln auf zwei Klangstäben spielen.
Zwei Klangstäbe im Quintabstand bilden den Bordun, oder auch Grundklang, über den gesungen wird.
„Bruder Jacob" oder „Fing mir eine Mücke heut" und „Hejo, spann den Wagen an" bieten sich für diese Art der Begleitung an.

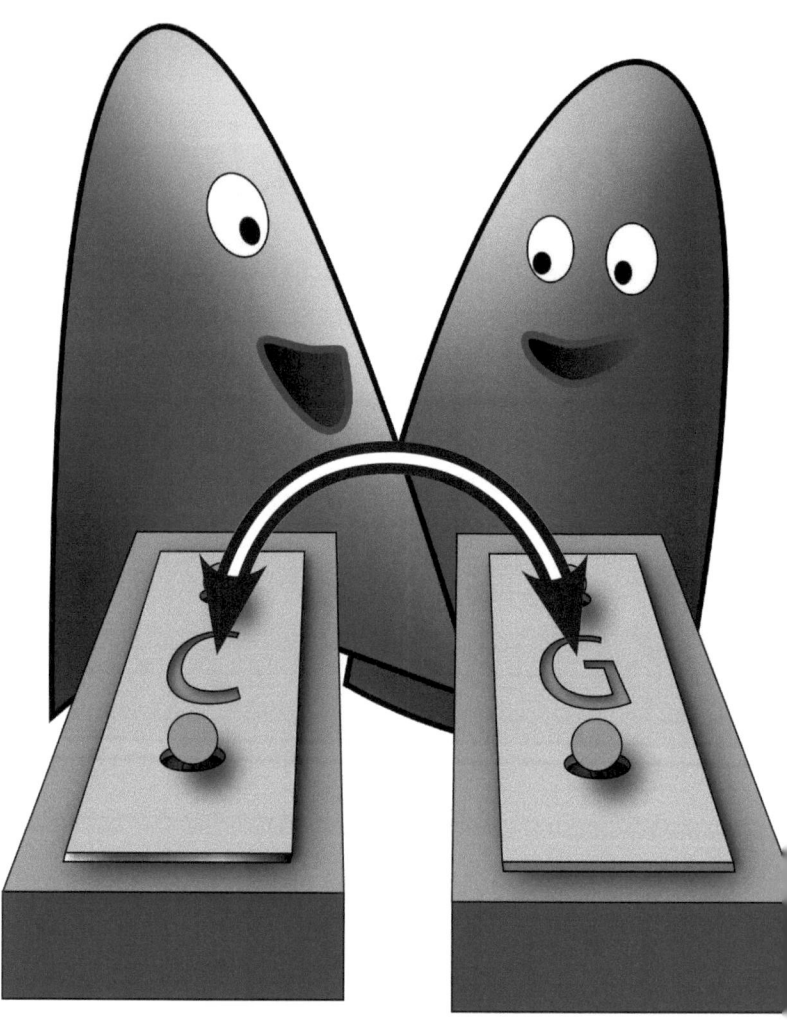

 Bei Liedern mit zwei Harmonien bieten sich andere Aufstellungsmöglichkeiten an.

 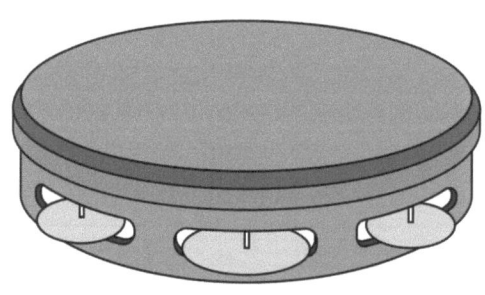 

Der linke Klangstab ist die Tonika (G), der rechte die Dominante (D).
In diesem Beispiel spielt man Tonika, Trommel, Dominante, Trommel etc..
Bei einem gleichbleibenden Rhythmus oder Flow kann man es als Liedbegleitung nutzen.

Beispiel: Dornröschen

M&T: Traditionell

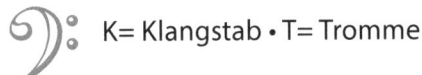 K= Klangstab • T= Trommel

Wenn man auf dem ersten Schlag lieber eine Trommel oder einen Beat haben möchte, kann man auch von der Mitte aus starten:

Dornröschen war ein schönes Kind, schönes Kind, schönes Kind.
    T   K   T   K   T   K   T   K

Der Hase

M: Traditionell T: A. Schulz

Der Ha - a - se, der Ha - a - se, der hat ne sü - ße Na - a - se. Fi - di -

ra - la - la, fi - di - ra - la - la, fi - di - ra - la - la - la - la - la.

Nach dem traditionellem Volkslied „Ein Vogel wollte Hochzeit feiern".
Die Begleitung folgt dem gleichen Prinzip wie oben.

Die Katze, die Katze, die hat ne weiche Tatze, … .

Das Känguru, das Känguru, das hüpft umher und sucht ‚nen Schuh, … .

Der Tiger, der Tiger, der singt die schönsten Lieder, … .

Der Affe, der Affe, der tanzt mit der Giraffe, … .

Die Taube, die Taube, die pickt an einer Traube, … .

Die kleine Maus, die kleine Maus, die schaut aus ihrem Loch heraus, … .

Andere Aufstellungsmöglichkeiten der Instrumente:

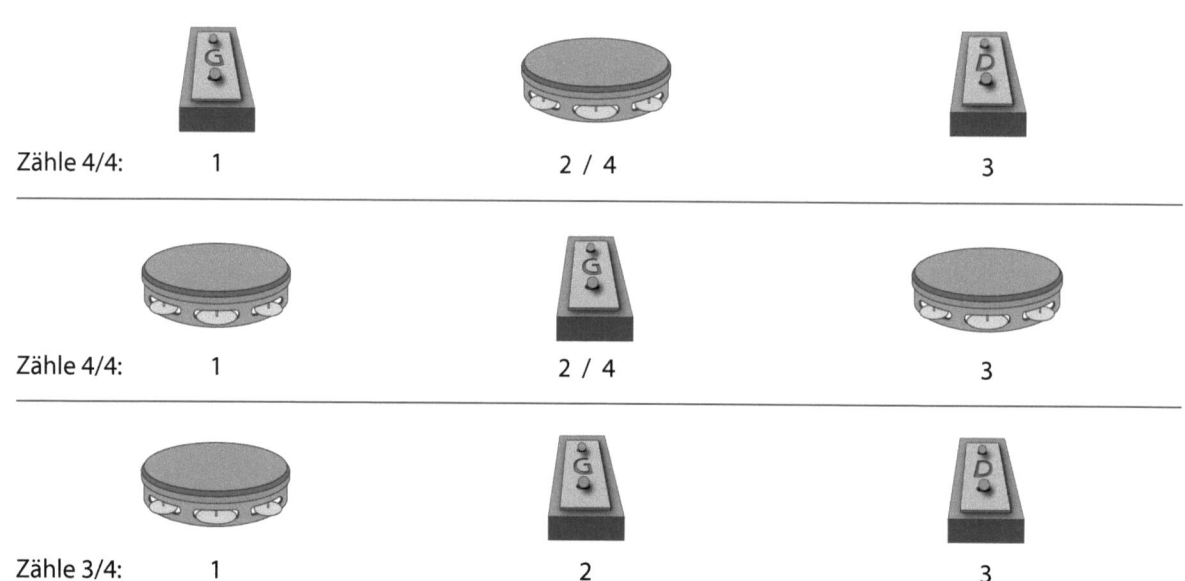

Zähle 4/4:   1   2 / 4   3

Zähle 4/4:   1   2 / 4   3

Zähle 3/4:   1   2   3

Schubidulied:

Die Gruppe wird geteilt. Die erste Gruppe bekommt Instrumente für den G-Dur-Akkord, die Tonika. Klangstäbe oder Xylophone mit den Tönen G – H – D.
Die zweite Gruppe für den D-Dur-Akkord, die Dominante, D – Fis – A.
Im ersten Teil spielt die G-Dur-Gruppe, im zweiten Teil die D-Dur-Gruppe.
Der Spielleiter singt mit den Kindern, dirigiert und zeigt, wann welche Gruppe mit dem Spiel dran ist.

M&T: A.Schulz

Schu-bi-du - bi-du schu-bi-du - bi-du schu-bi-du - bi-du, ai - jai - jai - jai.

Schu-bi-du - bi-du schu-bi-du - bi-du schu-bi-du - bi-du, ai - jai - jai - jai.

Eine merkwürdige Stunde!

Es war einmal in einem Kindergarten: ein Kind hatte sich versteckt, es wollte allein sein.
Da kam ein Zauberer in den Kindergarten und verzauberte alle Kinder.
Die Kinder wurden alle sehr, sehr müde und legten sich auf den Fußboden und schliefen.
Das war der Schlafzauber des Zauberers.

♪: Der Spielleiter oder ein Kind ist der Zauberer und verzaubert die anderen Kinder mit einem Zauberstab.

Als der Zauberer dachte, er hätte alle Kinder in den Schlaf gezaubert, wurde er vom vielen Zaubern müde und legte sich schlafen.
Doch das eine Kind hatte er übersehen.
Dieses Kind nahm den Zauberstab des Zauberers und konnte die Kinder von ihrem Zauber befreien.
Da das Kind sich aber nicht so gut mit Zaubersprüchen auskannte ging dies sehr langsam.

♪: Die Kinder liegen am Boden. Wenn das Kind mit dem Zauberstab ein schlafendes Kind am Arm oder Bein berührt, kann es diesen Teil des Körpers wieder bewegen. Die Kinder können sich erst wieder vollständig bewegen, wenn alle Körperteile mit dem Zauberstab berührt worden sind.
Der Spielleiter spielt eine ruhige Melodie dazu.

Nun waren alle Kinder von ihrem Schlafzauber befreit. Sie freuten sich und tanzten durch den Raum. Dieses bemerkte der Zauberer jedoch und verzauberte den Raum, der nun größer und kleiner wurde.

♪: Ein Seil wird an einer Seite des Raumes, in ca. 50-70 cm Höhe, befestigt und so hingelegt, dass es den Raum in zwei Hälften teilt. Die Kinder stellen sich rechts und links von dem Seil in zwei gleich großen Gruppen auf.
Es wird eine Musik zur freien Bewegung gespielt, und der Spielleiter kann nun mit dem Seil die Größe des Raumes verändern, so bekommt die eine Gruppe mehr Platz und die andere weniger und umgekehrt.

Dieser Zauber hielt jedoch nur ein Lied, und der Raum beruhigte sich und veränderte seine Größe nicht mehr.

Doch da war plötzlich ein Zauberspiegel.

𝄢 Alle Kinder gehen auf die eine Seite des Seiles, der Zauberer auf die andere Seite. Zu einer gewählten Musik macht der Zauberer Bewegungen vor und wie bei einem Spiegel machen die Kinder die Bewegungen des Zauberers nach. Nach einer Weile darf jedes Kind einmal auf die andere Seite und Bewegungen vormachen.

Variationen:

𝄢 Die Kinder werden in zwei Gruppen geteilt und stehen sich gegenüber.
Der Spielleiter spielt eine kurze Melodie.
Die Kinder stehen sich frontal gegenüber.
Ein Kind macht die Bewegungen vor und das andere muss versuchen ihm synchron zu folgen.

𝄢 Oder es wird eine kurze Melodie gespielt, in der das erste Kind eine Bewegungsfolge vorgibt.
Bei der Wiederholung der Melodie muss das andere Kind diese Bewegungsfolge wiederholen.

Doch plötzlich zersprang der Spiegel und der Zauber war vorbei. Alles war wieder normal. Buhh, da hatten die Kinder aber Glück.

Es war einmal ein Ton

𝄢: Diese Geschichte wird vorgelesen und von den Kindern mit Instrumenten begleitet. Die Namen der Kinder, die einen Ton spielen, werden in die Geschichte eingebaut.

Es war einmal ein Ton!

Dieser Ton hieß (Erik) und lebte auf dem Land und war sehr glücklich. Morgens stand er auf und machte „kling". „Kling, kling", machte er am Mittag, und „kling, kling, kling" machte er am Abend, bevor er ins Bett ging.

Das wurde ihm eines Tages zu langweilig.
„Jeden Tag derselbe Ton, das nenne ich eintönig", sagte er.
„Ich möchte mal andere Töne hören."

Er packte einen kleinen Rucksack und machte sich auf den Weg.

𝄢: Begleitmusik, und der erste Ton.

Als er eine Weile gegangen war, hörte er die Vögel singen. Die Bäume rauschen, und Tiere raschelten im Unterholz.

𝄢: Kinder machen Geräusche.

Der Ton (Erik) traf auf einen anderen Ton (Sophie), der (die) am Weges-rand saß.

„Hallo" sagte Erik, „was bist du den für ein Ton?" Kling!
„Ich bin Sophie, und klinge so!" Klang!

Da sagte Erik, dass er einen so schönen Ton gesucht habe, und ob Sophie mit ihm gehen wolle. Diese Idee fand Sophie fantastisch und beide machten sich gemeinsam auf den Weg.

𝄢: Begleitmusik, und zwei Töne.

Als sie zusammen durch den Wald gingen, hörten sie Tiere im Unterholz.

Das Rauschen der Bäume, und das Zwitschern der Vögel.

𝄢: Kinder machen Geräusche

Auf ihrem Weg trafen die beiden auf einen dritten Ton (Paul). Der saß da und machte ein trauriges Gesicht. Die beiden anderen Töne fragten: „Was ist den los?" Und Paul antwortete:

"Ich wollte so gerne in einer Melodie mitspielen, aber die anderen wollen mich nicht mitspielen lassen. Sie sagen, dass ich nicht zu ihrer Melodie passe."

Da sagten Erik und Sophie: "Du kannst mit uns gehen."

Zwar waren die drei Töne noch keine Melodie, aber immerhin schon ein Zusammenklang von drei Tönen. Eine Harmonie.

So machten sich alle drei auf den Weg.

Erst machte Erik einen Schritt, dann Sophie und dann Paul.

𝄢 Begleitmusik und Wiederholung der Namen in beliebiger Reihenfolge.

In den Bäumen rauschte der Wind.

Die drei gingen schneller.

Die Tiere des Waldes machten Laute.

Dann liefen alle durcheinander.

Der Tag ging zu Ende und es wurde leiser und leiser.

Dann legten sich alle schlafen und es wurde ganz still,

so still, dass man Erik träumen hören konnte.

Vorschläge zur Umsetzung:

Töne = C, E, G

Vögel = Glockenspiel, Flöte

Wind = mit den Fingern auf der Trommel rühren.

Tiere im Unterholz = Rasseln

Es war einmal ein Ton – Begleitung

M: A. Schulz

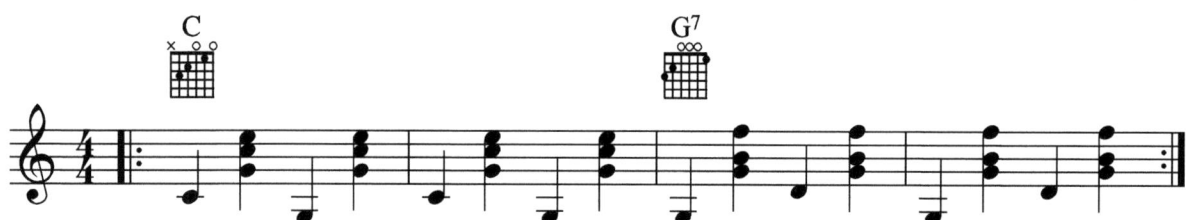

Endmotiv – Der Ton träumt

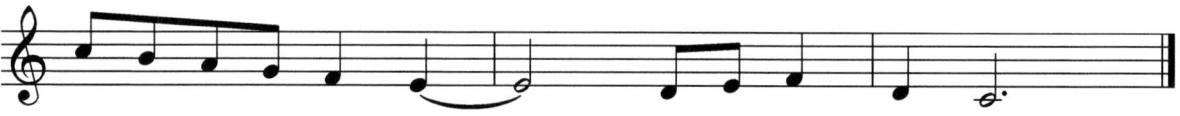

Entspannung

Entspannung mit Wind und Regen

 Die Kinder verteilen sich im Raum und legen sich auf den Bauch.
Ein oder zwei Kinder werden ausgewählt, die den Wind und den Regen spielen.

Die Musik, die dazu gespielt wird, besteht aus zwei Teilen, einem ruhigen und einem anregendem.
In dem ruhigen Teil streicheln die ausgewählten Kinder den am Boden liegenden Kindern über den Rücken, im anregenden Teil tippen sie mit den Fingern wie Regentropfen auf den Rücken. Erst sind es wenige Regentropfen, dann immer mehr.

Es darf auch der Kopf gestreichelt werden, die Beine oder auch mal gekitzelt werden.

Fußsalat

M&T: A. Schulz

Fuß-sa - lat, Fuß-sa - lat, ja wir mach en Fuß - sa - lat.
Bei-ne hoch, Bei-ne hoch, ja das ist ja gar nicht doof!

Alle sitzen im Kreis, die Füße treffen sich in der Mitte. Wir singen das Lied „Fußsalat".
Bei „Komm, wir machen Fußsalat" berühren sich alle Füße und kitzeln sich gegenseitig.
Diesen Teil wiederholen wir ein paar mal.
Bei dem Text „Beine hoch" legen sich die Kinder auf den Rücken und strampeln mit den Beinen.
Danach machen wir einen Stopp und eine Sprechstimme sagt:
„Dann kommt der linke Fuß nach oben, guten Morgen.
Dann komm der rechte Fuß nach oben, guten Morgen.
Oder der rechte Fuß fragt, ob die anderen den linken Fuß gesehen haben.
Dann wird das Lied noch einmal wiederholt.

Bewegung, Bewegung, Bewegung!

Drachen und Pferde

 Es werden zwei Decken im Raum ausgelegt, so dass man um sie herum laufen kann.
Auf der einen Decke wohnen die Drachen, auf der anderen die Pferde.
Es werden zwei Arten von Musik ausgesucht.
Die eine ist die Musik der Drachen und die andere ist die der Pferde.
Wenn die Musik der Drachen läuft, dürfen die Drachen von ihrer Decke herunter und im Raum umher tanzen.
Wenn die Musik der Pferde erklingt, müssen die Drachen schnell wieder zurück auf ihre Decke, und die Pferde dürfen durch den Raum tanzen.
Variation: Die Kinder, die nicht rechtzeitig auf ihrer Decke sind, dürfen von der anderen Gruppe getickt werden und verwandeln sich von Drachen in Pferde oder umgekehrt.
Es können auch alle anderen Arten von Tieren genommen werden.

Stopptanz

 Ein Klassiker unter den Kinderspielen, welcher immer freudig von den Kindern angenommen wird.
Ich spiele dieses Spiel mit den Kindern gerne, und mache es so, dass die Kinder, die sich bewegt haben und ausscheiden, ein Instrument bekommen und zusammen mit mir musizieren.

Man kann es auch so machen, dass alle Kinder still stehen bleiben, und der Spielleiter z.B. eine Fliege spielt, die von einem Kind zum anderen fliegt, und sich auf die Kinder setzt und auf ihnen rumkrabbelt. Dann kommt ein Elefant, der um die Kinder rumtrammpelt oder einer, der die Kinder nach dem Weg fragt. Vorsicht! Niemand darf sich bewegen oder antworten.

Selbst einen Song mixen

 In unserer digitalen Zeit ist es nicht mehr schwer, einen Song selbst zu mixen, der wie oben beschrieben, aus zwei Teilen besteht. Man braucht lediglich einen Computer, eine Musiksoftware und ein paar Lieder, Songs oder auch Tracks, die man zusammen mischen möchte. Es gibt freie Software, die kostenlos aus dem Internet heruntergeladen werden kann. Viele Programme brauchen nur wenig Einarbeitungszeit. Als Beispiel möchte ich Mixxx anführen, ein opensource DJ-Programm. Man hat zwei sogenannte Decks, in die man Lieder laden kann. Über einen Crossfader kann man die Lieder miteinander mischen. Diese Bearbeitung kann man über eine Aufnahmefunktion aufnehmen und als MP3 abspeichern. So ist man nicht auf vorgefertigte Musik angewiesen, sondern kann sich auf eine spielerische Art eigene Stücke zusammenstellen. Es gibt auch eine Reihe von Apps für das Smartphone, die eine ähnliche Funktionalität bieten.

Pommes Ketchup und Salat
Nach dem Spiel Feuer, Erde, Wasser, Luft

Drei Decken werden im Raum ausgelegt. Eine gelbe, eine rote und eine grüne. Musik wird gespielt oder angemacht. Die Kinder dürfen sich frei im Raum bewegen oder tanzen, sie dürfen die Decken aber nicht berühren. Wenn die Musik aufhört, wird entweder „Pommes", „Ketchup" oder „Salat" gerufen und die Kinder müssen so schnell wie möglich auf die richtige Decke springen. Das Kind, welches als letztes auf die Decke springt, scheidet aus und muss sich hinsetzen.

Variation 1: Das Kind, welches ausgeschieden ist, darf als nächstes „Pommes", „Ketchup" oder „Salat" ausrufen.

Variation 2: „Pommes", „Ketchup" und „Salat" wird jeweils ein Klang zugeordnet. Beispiel: Trommel, Rassel und Triangel. Die Kinder sollen den Klang erkennen und auf die richtige Decke springen.

Vorsicht: Die Decken sollten nicht so liegen, dass sie von einem bestimmten Punkt aus gleich schnell erreicht werden können. Das finden die Kinder schnell heraus.

Wer wird der nächste sein

 In der Mitte stehen zwei Stabspiele, die pentatonisch gestimmt sind. Es werden zwei Hulahoopringe oder zwei Decken vor die Stabspiele gelegt (bitte darauf achten, dass nichts rutscht). Wie bei der „Reise nach Jerusalem" laufen nun drei Kinder im Kreis, es sind aber nur zwei Plätze frei. Die anderen Kinder, die am Rand sitzen, spielen einen Rhythmus mit ihren Percussionsinstrumenten. Wenn der Rhythmus aufhört, müssen sich die laufenden Kinder schnell einen Platz suchen. Ein Kind bekommt keinen Platz an den Stabspielen. Dieses Kind darf den Platz mit einem der Percussionskinder tauschen und sich ein Percussionsinstrument aussuchen. Während dieser Übergangsphase spielen die beiden anderen Kinder auf den Stabspielen. Dann fängt eine neue Runde an.

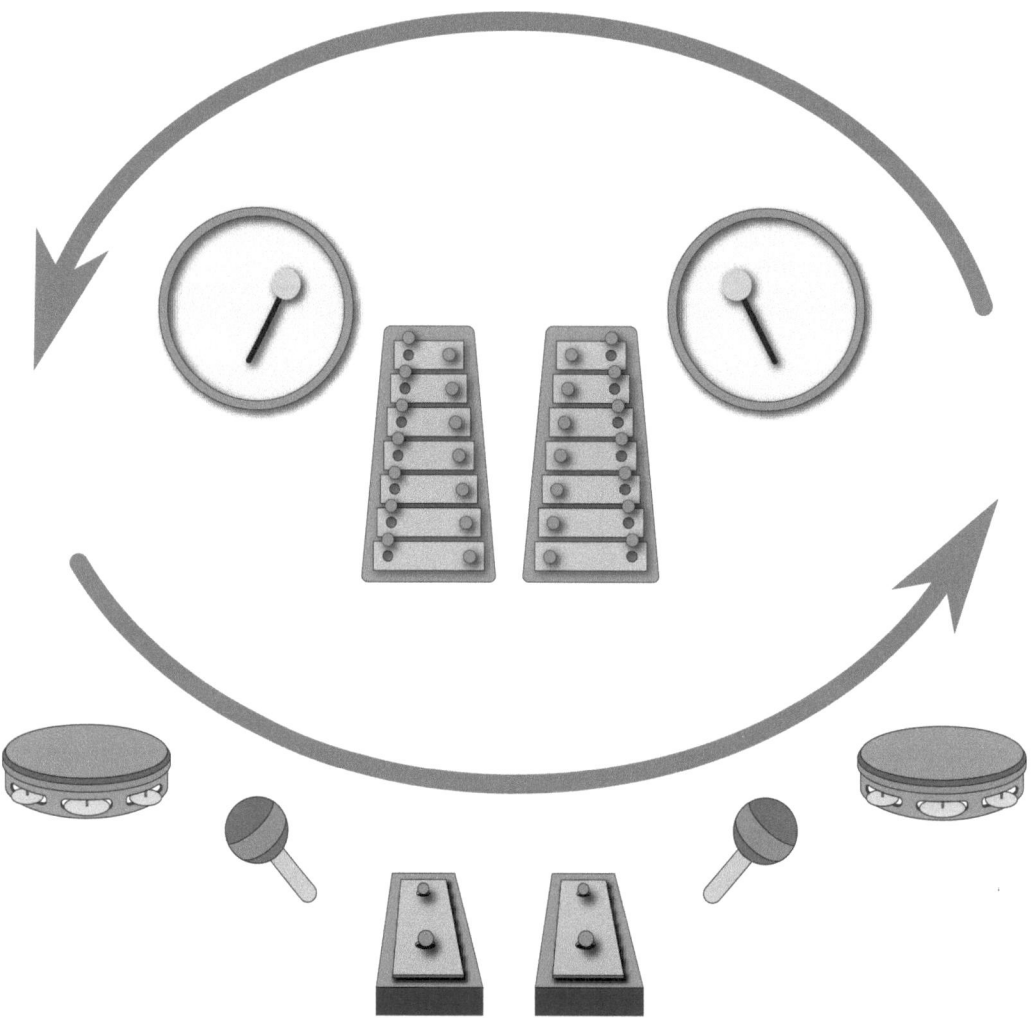

Durch die pentatonische Stimmung klingen die Stabspiele sehr harmonisch. Es empfiehlt sich, die Anweisung zu geben, dass nicht zu laut auf den Stabspielen gespielt werden soll. Der Spielleiter kann mit einer großen Trommel einen Grundrhythmus für die Percussionskinder spielen. Es kann zwei, drei Runden dauern, bis alle Kinder den Spielverlauf verstanden haben, da er sehr komplex ist.

Heute komm ich dich besuchen

M&T: A. Schulz

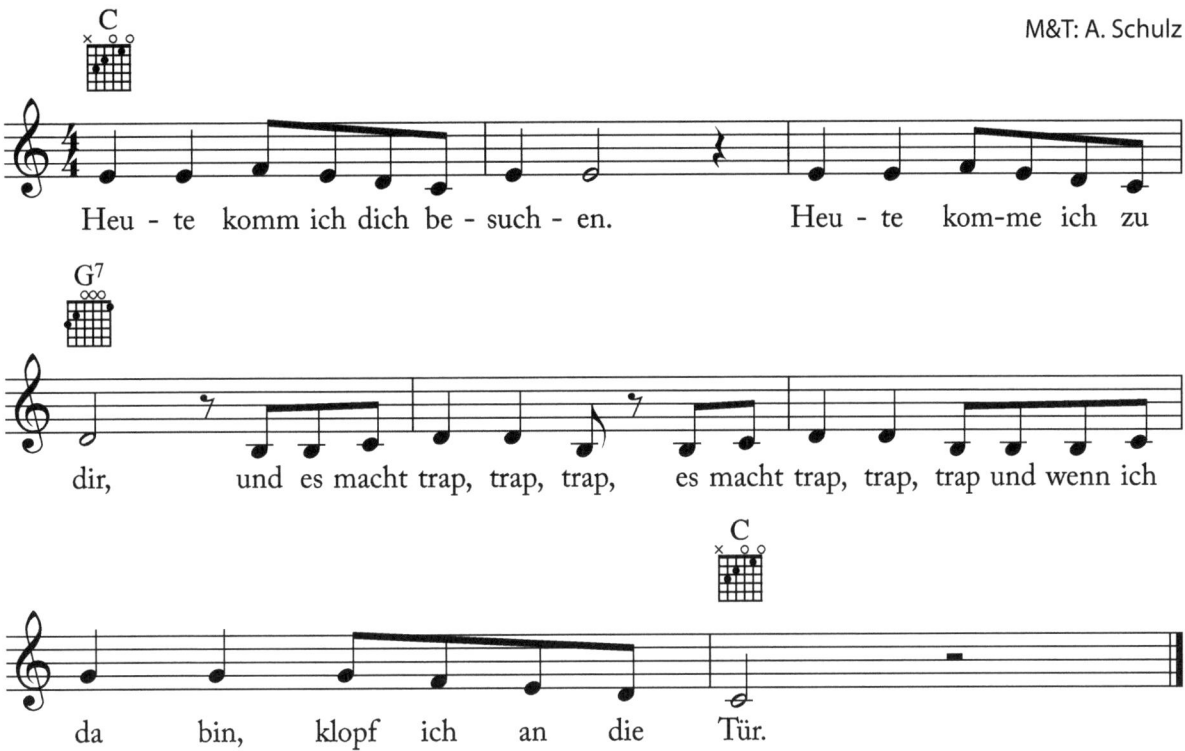

Heu - te komm ich dich be - such - en. Heu - te kom-me ich zu

dir, und es macht trap, trap, trap, es macht trap, trap, trap und wenn ich

da bin, klopf ich an die Tür.

Es werden Decken oder andere Platzhalter auf dem Boden verteilt und Instrumente auf diese gelegt. Die Kinder verteilen sich und jedes bekommt einen Platz mit Instrument. Es können auch mehrere Instrumente auf einer Decke liegen. Gut ist es, wenn es immer die gleiche Anzahl Instrumente pro Decke ist.

Ein Kind läuft los und das Lied wird dazu gesungen. Wenn das Lied zu Ende ist, geht das Kind zu einer der Decken und es klopft an eine imaginäre Tür. Das auf der Decke sitzende Kind kann den Besucher herein bitten, und sie können sich gemeinsam auf die Decke setzen. Sie stellen sich gegenseitig die Instrumente vor. Ein kleiner Dialog kann helfen. Hallo, was hast du für ein Instrument da. Ich habe eine..... Wenn sie sich gegenseitig ihre Instrumente vorgestellt haben, machen sie sich gemeinsam auf den Weg zu dem nächsten Besuch. Bis alle unterwegs sind.

Variation:
Gleiche Ausgangssituation mit Decken und Instrumenten. Das Lied wird gesungen, und je nach Gruppengröße laufen oder tanzen ein, zwei oder drei Kinder durch den Raum. Wenn das Lied zu Ende ist, suchen sie sich jemanden, mit dem sie ihr Instrument tauschen. Das Kind, mit dem ein Instrument getauscht wird, darf nun durch dem Raum gehen und das Instrument mit einem anderen Kind tauschen. Etc.

Hexe, Riesen, Zwerge und ein Zauberer

Die Geschichte wird vorgelesen. An den gekennzeichneten Stellen ♩ spielen die Kinder.

Es war einmal ein Land, durch das ein Fluss floss.
Auf der rechten Seite wohnten große Riesen, auf der linken Seite wohnten kleine Zwerge.
Eines Tages machten sich die Riesen auf den Weg zum Fluss.
Und das konnte man sehr weit hören, wenn die Riesen spazieren gingen. ♩

Die Zwerge waren sehr neugierig und machten sich ebenfalls auf den Weg zum Fluss.
Das hörte sich allerdings ganz anders an. ♪

Die Riesen und die Zwerge trafen sich am Fluss.
Auf der einen Seite waren die Riesen, auf der anderen die Zwerge.
Sie begannen, Musik zu machen.
Erst die Riesen: Sie machten tiefe langsame Musik. ♩
Dann die Zwerge: Sie machten hohe, schnelle Musik, ♪
und dann spielten alle zusammen. Das war laut. ♪

Ein Zauberer, der in der Nähe wohnte und gerade seinen Mittagsschlaf hielt,
hörte die Musik und fühlte sich gestört.
Er machte sich auf den Weg zum Fluss, und als er dort ankam sagte er:
„Was ist das für ein Krach".

Er mochte die Musik nicht, und verwandelte die Riesen und die Zwerge
in kleine Ameisen. ♪
Nun waren die Riesen und die Zwerge winzig klein und ihre Musik war ganz leise.
Wirklich, ganz leise. ♪

Zum Glück gab es eine liebe Hexe, die die Riesen und Zwerge gerne mochte.
Sie ritt gerade auf ihrem Besen hoch oben vorbei und hatte beobachtet, was passiert war.
Nun kam sie herbeigeflogen, um zu helfen. ♪

Leider hatte sie ihre Brille nicht auf, und so verwandelte sie die Riesen in Zwerge,
und die Zwerge in Riesen. So gingen nun die Riesen, die nun Zwerge waren, nach Hause.
Und auch die Zwerge, die nun Riesen waren, gingen heim. ♩

Vorbereitung:

Ein blaues Tuch wird in die Mitte des Raumes gelegt und soll den Fluss darstellen.

Große und kleine Instrumente, ungeordnet nach Größe und Klang in den Raum legen.

Zwei Tücher auf dem Boden dienen den Riesen und Zwergen als Heim oder Start Punkt.

Wer ist Riese, Zwerg, Hexe und der Zauberer?

Die Hexe und der Zauberer kann auch gut vom Spielleiter dargestellt werden.

Die Instrumente werden von den Kindern zugeordnet.

Welcher Klang oder welches Instrument passt zu den Riesen, welches zu den Zwergen?

Anordnung: Instrumente auf beiden Seiten des Raumes, der Fluß dient als Grenze.

Mit den Kindern erproben, wie man die Riesen und die Zwerge musikalisch darstellt.

Beispiel einer Gitarrenbegleitung zur Riesen- und Zwergenmusik:

Riesen

Zwerge

Die Karawane

 Die Kinder stellen sich vor, sie seien Dromedare. Sie halten sich an einem Seil fest, an den Händen oder Schultern, und laufen durch den Raum. Das ist die Karawane. Die Kinder dürfen weder sich noch das Seil loslassen, da sie sonst in der Wüste verloren gehen und verdursten. Wer loslässt oder hinfällt setzt eine Rund aus.

Der Spielleiter spielt mit zwei Schlägeln auf einem Stabspiel einen Viertel-Rhythmus im Quint Abstand und singt das Wüstenlied. Zwei Kinder begleiten die Melodie mit Stabspiel und Trommel.

Die Karawane kann im Kreis gehen, im Viereck, kreuz und quer, oder es wird eine Strecke aufgebaut, die die Kinder durchlaufen können.

Wenn das Lied zu Ende ist, legen sich alle schlafen. Die Kinder an den Instrumenten tauschen ihren Platz mit zwei schlafenden Kindern. Die Sonne geht auf und die Karawane zieht weiter.

Man kann eine blaue Decke auslegen, die eine Quelle oder Oase darstellt. An dieser können die Kinder Wasser trinken und baden. Freies Spiel.

Zwei Xylophone mit E-Pentatonik. Eventuell Rasseln und eine oder zwei Trommeln.

Pentatonik: D E G A H

M&T: A. Schulz

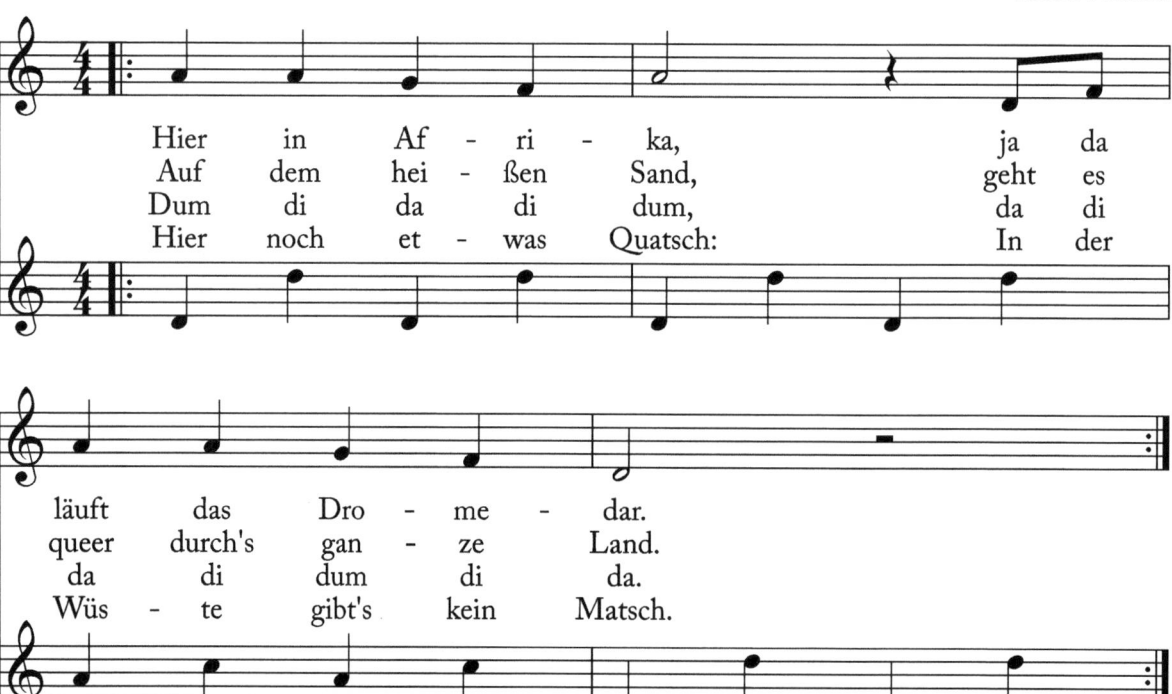

Hier in Af - ri - ka, ja da
Auf dem hei - ßen Sand, geht es
Dum di da di dum, da di
Hier noch et - was Quatsch: In der

läuft das Dro - me - dar.
queer durch's gan - ze Land.
da di dum di da.
Wüs - te gibt's kein Matsch.

 Frage an die Kinder: „Was ist ein Dromedar?" „Wo lebt es?"
„Warum gibt es in der Wüste selten Matsch?"

46

Die verloren gegangene Melodie

 Die Kärtchen zu den folgenden Spielen befinden sich auf Seite 69

 Vorbereitung: Kärtchen mit einzelnen Noten werden im Raum verteilt.
Ein Stabspiel wird in die Mitte des Raumes gestellt.

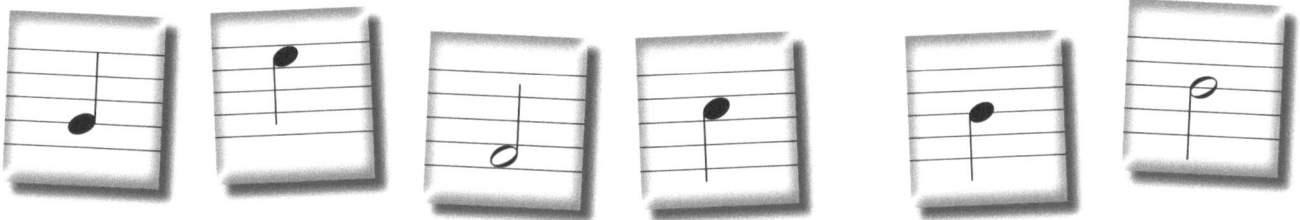

Die Kinder und der Spielleiter sitzen auf dem Boden, das Stabspiel in der Mitte.

Der Spielleiter erzählt den Kindern, dass er heute Morgen seine Melodie verloren hat, und nicht mehr weiß, was er auf dem Stabspiel spielen kann. Er spielt wahllos ein paar Töne auf dem Stabspiel, so als ob er vergessen hätte, wie man auf einem Stabspiel spielt. Manche Kinder möchten gerne helfen oder zeigen, dass sie eine Melodie auf dem Stabspiel spielen können. Diese dürfen gerne zeigen, was sie können.

Der Spielleiter bittet die Kinder, ihm zu helfen und im Raum nach verloren gegangenen Noten zu suchen. Die Kinder machen sich auf die Suche nach den Zetteln, und er bittet sie, diese vor ihm in einer Reihe hinzulegen.

Hier bietet sich die Gelegenheit, den Kinder etwas über die Notenschrift zu erzählen. Dass man mit Noten Musik aufschreiben kann, und dass Noten, wie die Schrift, zum Erinnern oder Fixieren von Musik behilflich sein können.

Der Spielleiter spielt den Kindern die Notenreihe vor. Da er 18-20 Noten verteilt hat, ist die Melodie meist zu lang und gefällt den Kindern nicht. Er bittet jedes Kind, eine Note weg zu nehmen. Sie probieren so lange, bis sie eine Melodie oder ein Motiv gefunden haben, welches den meisten Kindern gefällt. Danach fragt der Spielleiter die Kinder, ob sie einen Text zur Melodie erfinden können. Die Textideen werden in die Melodie eingebaut. Wenn ein passender Text gefunden ist, singen alle diesen gemeinsam.

Die Melodie kann sich wiederholen und von den Kindern mit anderen Instrumenten unterstützt werden.

König Polyphon

Nach einer Idee von Gerda Bächli

Weit weg von hier, in einem fernem Land, in dem die Bäume bis zum Himmel ragten, wo aus dem Dickicht des Waldes die merkwürdigsten Geräusche zu hören waren. Dort wo es das ganze Jahr warm war, und man keine dicken Unterhosen brauchte. Dort lebten die Polyphonen. König der Polyphonen war derjenige, der den Zauberton besaß. Alle liebten diesen Zauberton und mochten ihn unbeschreiblich gerne hören.

Am Morgen versammelten sich alle Polyphonen um den König und sangen dieses Lied:

M&T: A. Schulz

Gro-ßer Kö-nig Po-ly-phon, mit dem schö-nen Zau-ber-ton. Sag was könn'wir

für dich mach-en, tan-zen, klat-schen o-der lach-en? Du sitzt heu-te

auf dem Thron, gro-ßer Kö-nig Po-ly-phon. Po-ly-phon.

Po-ly-phon. Pol-ly, Po-ly, Po-ly, Po-ly, Po-ly-phon

48

Dann sagte der König, was an diesem Tag zu tun war, und alle machten, was der König sagte.

Einmal sagte der König: „Tanzt, bis ihr eine grüne Nase bekommt!" Alle tanzten den ganzen Tag und bis spät in die Nacht, aber eine grüne Nase hatte keiner bekommen. Naja, auch Könige haben manchmal nicht die besten Ideen.

Wenn es Nacht wurde, legten sich alle Polyphonen, auch der König, um den Thron und schliefen tief und fest, und man hörte ihr Schnarchen durch den ganzen Wald.

Es gab aber auch einen lustigen Affen in diesem Wald. Dieser machte sich in der Nacht einen Spaß daraus, dem König den Zauberton wegzunehmen und diesen einem der schlafenden Kinder zu geben. So hatten die Polyphonen jeden Tag einen neuen König, der sagen durfte, was heute zu tun ist.

Spielverlauf

Es wird ein Thron in Form eines Stuhles im Raum aufgebaut,
auf dem der König sitzen kann.
Der Zauberton kann ein Klangstab oder eine Triangel sein.
Eins der Kinder wird zum König gewählt und darf auf dem Thron sitzen.
Die anderen Kinder versammeln sich um den König und singen oder rappen den Song.
Der König entscheidet, was die Kinder zu tun haben.
Nachdem die Kinder dem Wunsch des Königs nachgekommen sind,
legen sie sich schlafen.
Der Spielleiter oder eins der Kinder spielt den Affen und entwendet dem König den Zauberton und gibt ihn einem der schlafenden Kinder, das nach dem Erwachen der neue König ist.

Die Schatzinsel

Spielverlauf

 Material: Eine große blaue Decke stellt das Schiff dar, eine andere die Insel. Kleinere Decken oder Kissen stellen die Felsen dar.

 Ein blaues Tuch oder Bettlaken kann die Wellen darstellen. Das Tuch wird geschwungen. Erst in kleinen Wellenbewegungen, dann in größeren, bis es über Bord schwappt und über die Kinder gleitet.

Raumaufteilung:

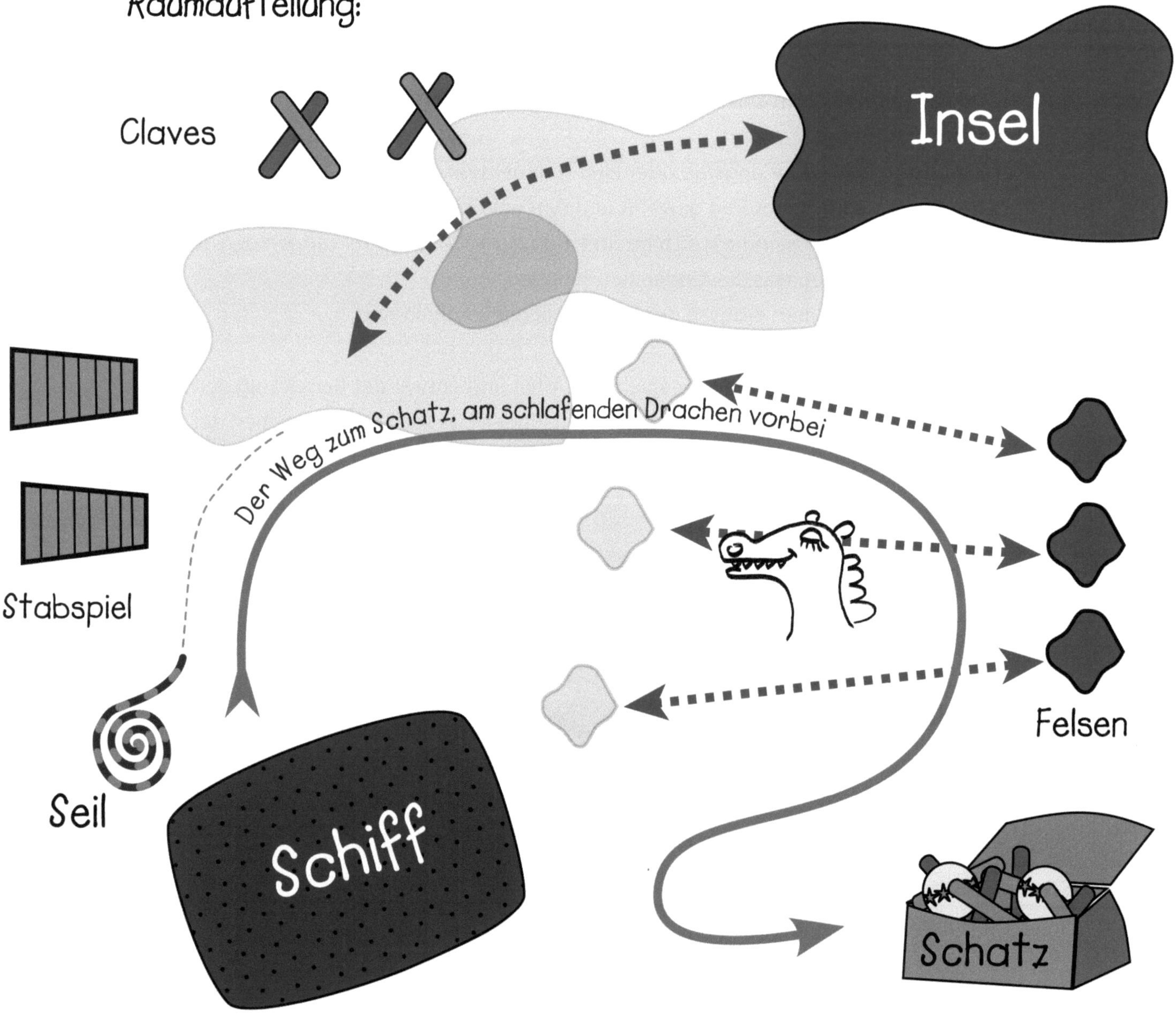

Claves

Insel

Der Weg zum Schatz, am schlafenden Drachen vorbei

Stabspiel

Seil

Schiff

Felsen

Schatz

Kommt lasst uns einen Schatz suchen!

Ich habe hier einen Teil einer Schatzkarte.

Wir müssen nur die anderen Teile finden.

Dazu brauchen wir ein Schiff.

Eine große Decke ist unser Schiff.

Wir gehen an Bord, machen die Leinen los und hissen die Segel.

Auf hoher See singen wir ein Lied: „Eine Seefahrt die ist lustig, eine Seefahrt die ist schön."

M&T: Traditionell

Plötzlich verdunkelt sich der Himmel und ein Sturm kommt auf.

Die Wellen spülen über das Deck des Schiffes.

Der Himmel klart wieder auf und wir können die erste Insel am Horizont entdecken.

Insel 1:
Der alte Mann, der eine Melodie vergessen hat

𝄢 Die Kinder müssen über Seile balancieren, die vom Schiff zur Insel führen.

Auf der Insel lebt ein alter Mann mit zwei Xylophonen. Er erzählt den Kindern, dass er seine Melodie vergessen hat, und bittet die Kinder, ihm zu helfen, sich an die Melodie zu erinnern.

Er spielt den Anfang der Melodie, die Kinder ergänzen die Melodie.

Man kann die Kinder auch einfache Tonreihen auf- und abwärts spielen lassen, und ihnen mit dem Stab Spiel- und Wischtechniken zeigen.

Wenn alle Kinder gespielt haben, bekommen sie den zweiten Teil einer Schatzkarte, und balancieren zurück an Bord.

𝄢 Die Seile werden eingeholt und die Decke, die die Insel dargestellt hat, wird langsam weggezogen.

Es entsteht der Eindruck, dass sich das Schiff von der Insel entfernt.

Die Kinder singen wieder das Lied.

„Könnt ihr schon Land sehen?", fragen wir die Kinder. Wenn die Kinder die Frage mit Ja beantworten, wird die Decke wieder näher an das Boot gezogen, dieses Mal mit etwas mehr Abstand. Nun werden zwei, drei kleinere Decken zwischen Boot und Insel gelegt. Die kleinen Decken stellen Felsen da, über die die Kinder hüpfen müssen, um auf die Insel zu gelangen.

Insel 2: Die Schildkröte, die ganz langsam spricht

Auf der Insel lebt ein Schildkröte, die ganz langsam spricht. Sie kann einen Rhythmus nur ganz langsam spielen. Sie spielt den Kindern den Rhythmus mit zwei Claves ganz langsam vor. Die Kinder sollen versuchen, diesen Rhythmus nachzuspielen. Die Schildkröte freut sich sehr, wenn dies gelingt und die Kinder den Rhythmus auch schnell spielen können. Denn das kann die Schildkröte ja nicht, schnell spielen.

Wenn die Kinder die Aufgabe erfüllt haben, bekommen sie den zweiten Teil der Schatzkarte und können auf das Schiff zurück hüpfen.

𝄢 Die Felsen werden entfernt und die Decke wird wieder langsam weggezogen.

Auf hoher See singen sie wieder.

Da kommt auch schon die nächste Insel.

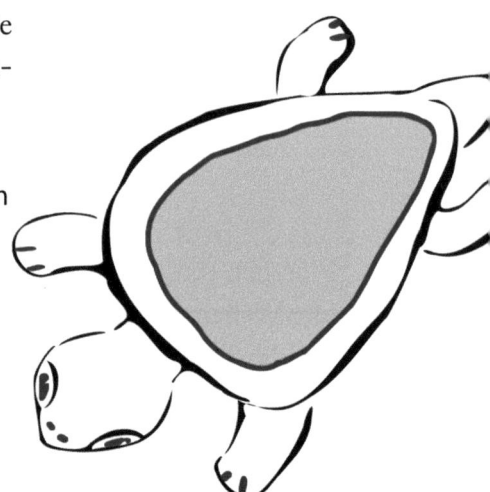

♪: Dieses mal wird die Decke nur ein kleines Stück herangezogen, so dass der Abstand zwischen Boot und Insel groß ist. Die Frage steht im Raum, wie die Kinder nun auf die Insel kommen. Ein Beispiel wäre Schwimmen.

Insel 3: Der Affe, der alle gerne tanzen sieht

Auf dieser Insel lebt ein Affe, der viel mit „u" und „a" spricht.
Er wünscht sich, dass die Kinder für ihn tanzen.

♪: Eine Melodie wird gespielt, die Kinder tanzen. Es kann eine freie Form gewählt werden, oder Vorgaben gemacht werden. Nach dem Tanz bekommen die Kinder den letzten Teil der Schatzkarte und schwimmen zurück an Bord.

Nun können die Kinder versuchen, die Schatzkarte zusammen zu setzen, und der Spielleiter kann die letzte Szene vorbereiten.

Die Seile werden ausgelegt und der Schatz unter einem Tuch versteckt.

Der schlafende Drache

♪: Auf der Schatzkarte ist ein Weg zu sehen, sowie ein schlafender Drache.
Die Kinder müssen versuchen, den Schatz so leise wie möglich an Bord zu holen, damit der Drache nicht aufwacht. Die Versuchung, Lärm zu machen, ist bei größeren Kindern groß. Wer Lärm macht, wird gefressen und muss zugucken!

Nun haben die Kinder die Kiste mit dem Schatz an Bord gebracht, und es sind Trommeln und Rasseln in der Kiste. Damit können wir unser Lied begleiten.

Der Anker wird gelichtet und die Segel werden gehisst. Auf hoher See singen wir noch einmal das Lied vom Anfang, mit einem veränderten Text.

Jetzt singen wir:

Eine Seefahrt, die ist lustig, eine Seefahrt, die ist schön,
ja da kann man ganz viele Instrumente spielen hör´n.
Rassel hier ++, Trommel da ++,
ja wir spielen Instrumente und das klingt so wunderbar.

Wir fahren mit dem Zug

Bei diesem Lied stellen sich alle Kinder hintereinander. Entweder fassen alle dem Vorderen an die Schultern, oder jedes Kind hat ein Instrument, wie Rassel oder Claves. Der Zug setzt sich in Bewegung, und die Reise geht quer durch den Kindergarten. Im Mittelteil kann man die Kinder auch ein- und aussteigen lassen.

Oder man kann die Fahrt an einer Stelle unterbrechen wo Zuhörer sind und ihnen ein vorher eingeübtes Lied vorsingen.

M&T: A. Schulz

Wir fah-ren mit dem Zug, da-von krie-gen wir nie ge-nug.

Wir fah-ren mit der Bahn, mit der Bahn. Bahn, Bahn. Hu- hu

— Hu hu — Die ei-nen stei-gen ein,

die an-dren stei-gen aus. Wir fah-ren

jetz nach Haus. Hu, hu, hu, hu.

Arbeitsmaterialien

Auf den folgenden Seiten finden Sie Vorlagen für Karten,
Schatzpläne und Zeigebilder zum Ausschneiden oder kopieren.

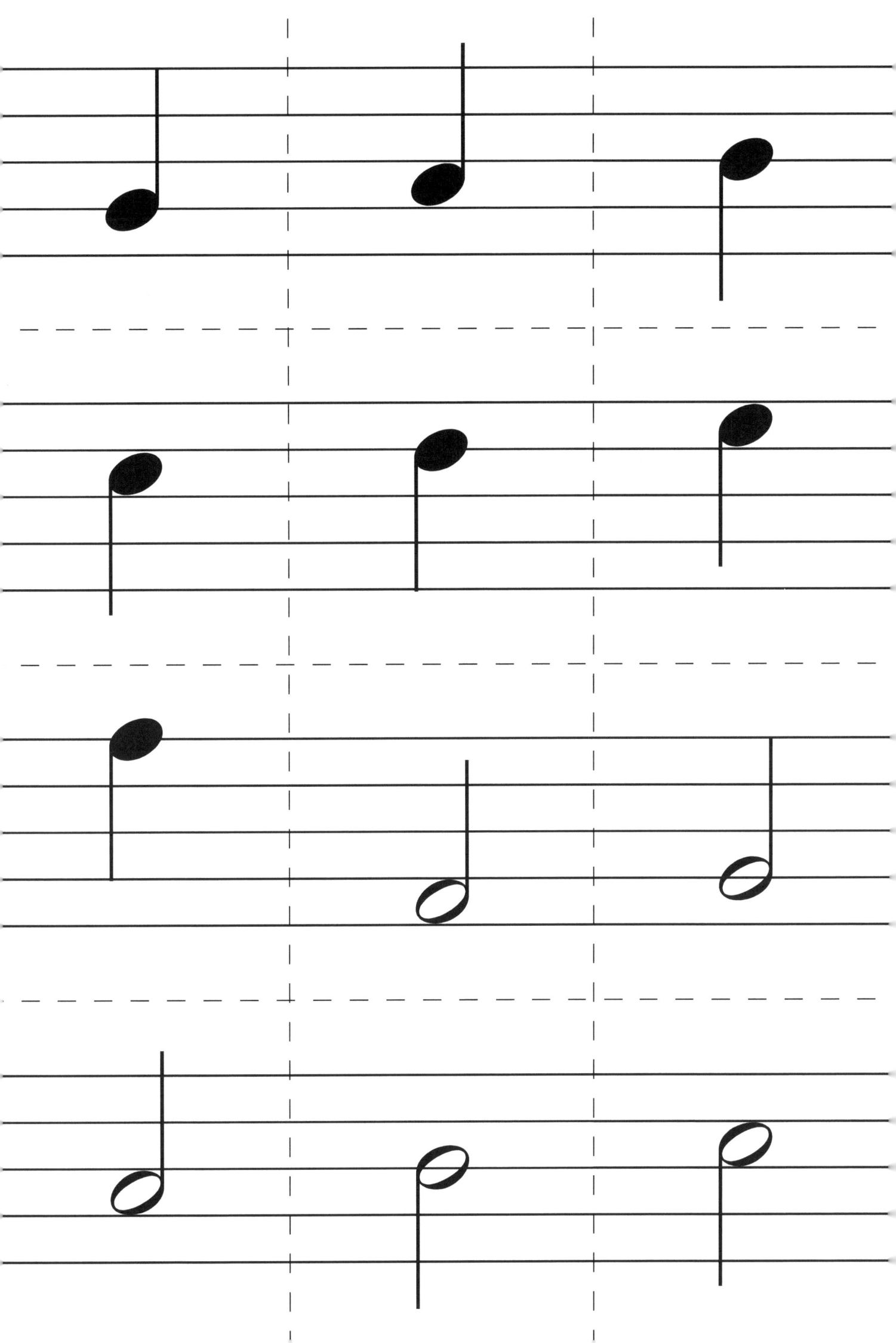

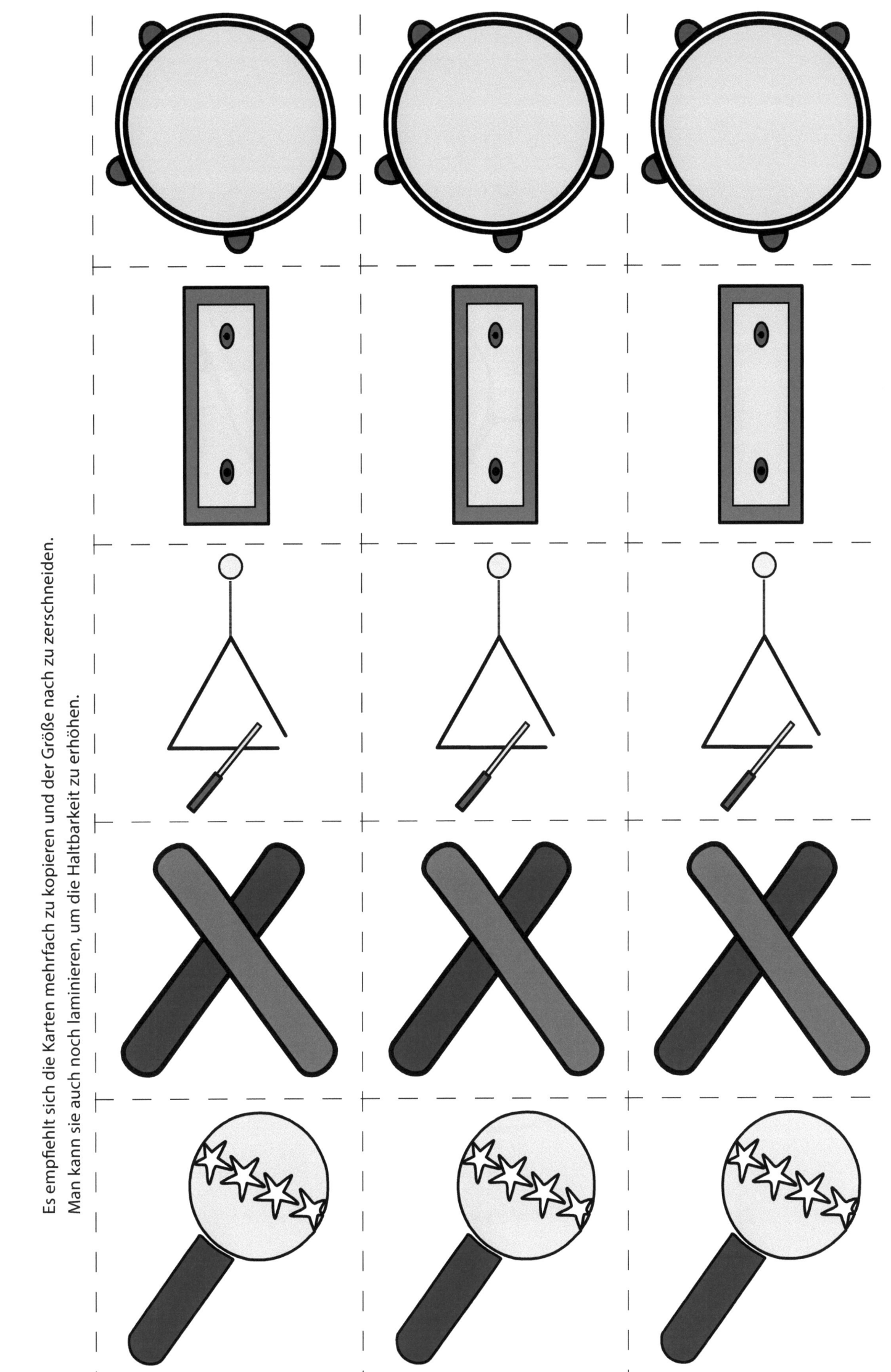

Es empfiehlt sich die Karten mehrfach zu kopieren und der Größe nach zu zerschneiden.
Man kann sie auch noch laminieren, um die Haltbarkeit zu erhöhen.

Begriffsklärung

Die *Pentatonik* ist eine Fünfton-Skala oder eine Tonleiter bzw. ein Tonsystem aus fünf Tönen. Bei einem Stabspiel kann man einige Töne entfernen, so dass man eine pentatonische Skala bekommt. Dur Pentatonik: C D E G A; Moll Pentatonik: A C D E G.

Stabspiele sind Idiophone (selbst klingende Instrumente) die keine Saiten oder Membranen besitzen. Hierunter fallen folgende Instrumente: Xylophon, Metallophon oder Glockenspiel.

Ein *Klangstab* ist ein Instrument, das nur einen Ton erzeugt. Er besteht aus einem metallenem oder hölzernem Klinger, der auf einem Resonanzkörper sitzt.

Eine *Harmonie* ist ein Zusammenklang mehrerer Töne. Zu den einfachen Harmonien gehören Dur- und Moll-Akkorde, die aus drei Tönen bestehen: Grundton, Terz und Quinte. Beispiel: C – E - G

Impressum

Herausgeber und Autor: Arne Schulz
Grafik: Henning Hasselbach
Notensatz: Arne Schulz

© 2017 Arne Schulz, Germany

Vielen Dank an all die lieben Menschen,
die mir bei diesem Buch geholfen haben.

Zu diesem Buch gibt es auch 10 Audiotracks.
Informationen dazu finden sie auf:

www.arne-schulz.com

Herstellung und Verlag:
BoD - Books on Demand, Norderstedt

ISBN: 9783746009063